社長からの給与レター

20年間、給与明細に同封し続けた社員への思い

西田康郎

ワニブックス
|PLUS|新書

はじめに

全社員への毎月の給与明細に、Ａ４サイズ1枚のメッセージを必ずつけるようにしています。「社長からの給与レター」と周囲から呼ばれているものです。いつからはじめたものなのか、じつは正確に覚えていないのですが、父の愼一郎が社長、私が専務だった頃から毎月、途切れることなく約20年続けています。

会社にとって社員は宝物。かけがえのないものです。ですから、ほんとうは給料日には一人ひとりに「ありがとう」という言葉を添えて手渡したいのです。

けれど、当社は従業員２００名ほどの小さな会社ですが、京都に本社をおき、工場や研究所、営業所は東京、神奈川や広島、福岡などに全国展開しています。現実に一人ひとりに手渡すというのは物理的に難しい。それならば、その時々に感じたことを言葉にして、自分の想いを社員皆で共有してもらいたい。そう考えたのが手紙を添えるきっかけとなりました。

さて、当社ケイハンは一般の方には、あまりなじみがない会社でしょう。

大雑把にご説明をするなら「かためる」技術で社会貢献をする会社です。

石炭の粉炭をかためて煉炭にして蒸気機関車の燃料にしたのがスタートで、一時は国鉄（今のＪＲ）の燃料のシェア90％を誇ったこともあります。ＳＬがディーゼル化、電化に切り替わるなかで事業転換をし、今度は製鉄所にコークスをつくるための「成型炭」を提供することになります（現在も新日鐵住金 戸畑やＪＦＥスチールの京浜や福山の構内に自社操業工場を保有しています）。

少し手前みそになりますが、戦後から高度成長期にかけては「輸送分野」で、そして高度成長期から現在にいたるまでは「鉄鋼分野」で、日本経済をサポートしてきたのです。

もちろん、黒子のような形で社会に貢献している企業は当社だけでなく、たくさんありますね。ただ、数多《あまた》ある企業のうち「かためる」という分野で、当社ケイハンはナンバーワン、オンリーワンの技術をたくさんもっていると自負しています。これからも伸長していく「かためる（塊成化《かい》）技術」は環境負荷を下げるという点から、これからも伸長していくでしょう。

そして、これら技術や事業を支えていくのは、やはり「人」だと思っています。ですから今後も社員を大事にしていきたい、この「社長からの手紙」も続けていくつもりです。

たまたまご縁があって編集者の方にこの手紙のことをお話ししたら、興味をもっていただき「ぜひ本にしましょう」とご提案いただきました。「社外の人間が読んでもおもしろい、役に立ちますよ」といっていただき、「たとえば朝礼のときに役立ちそうな内容がいっぱいありますね」などとおほめいただきました。

「安全に気をつけなさい」「業績を上げろ」「がんばれ」だけでは当たり前すぎて、きっと誰も読んでくれないだろうと毎月頭を悩ませ工夫したことが、評価につながったのかもしれません。正直、社外の方向けにというのは面映《おもは》ゆい、おこがましい気がしないでもないのですが「話のタネ」にしていただければと考えることにしました。

本書を拾い読みしていただきながら、話のタネに使えると思ったものをピックアップしていただき、そのタネを育て花を咲かせていただければと思います。そして、人と人との絆《きずな》を深め、当社流にいうならば、それを強固なものに「かためて」いっていただければと願います。

なお、本書は保存しておいた平成10年8月から29年6月までの原稿（手紙）をセレクトし編集し直したものです。「大事なことは繰り返し伝えたい」という想いから重複した内容になっているものや、明らかに時流にそぐわなくなったものなどを整理しました。給与日が月末のため、たとえば1月の原稿で節分に触れていたりするものもありましたので、掲載月を調整しました。また引用など出典が明らかなものは明記しましたが、資料が散逸し不明なものもあることをご了承ください。

２０１７年８月

株式会社ケイハン代表取締役社長　西田康郎

社長からの給与レター　目次

【春の章】

【夏の章】

に注意する／業績の比較は平均値でなく最高値をもってする／燃えるカンナの花言葉は「自分への尊敬」／オバマ前米大統領の原稿について一考察

葉月　8月

99%の信頼度では生きていけない／豆腐が人生のお師匠さん／100マイナス1は0／ドミノゲームのように積極は積極を招く／怪我という言葉の本質／独創の独は孤独の独／夏休みの思い出〜小学校の算数のほうが難しい

【秋の章】

【冬の章】

春の章

たくさんのものが芽吹き、新しい出会いが生まれる季節です。
明るく前向きに仕事に取り組み、心弾ませましょう。

弥生 3月

桃太郎が柿太郎では意味がない

『雛祭り』は別名『桃の節句』ともいいますね。これは桃がちょうど盛りの頃だからでもありますが、桃には古来、邪気を払うという魔除けの信仰もあるのです。

「兆」という字は「きざし」と読むように未来を予知し、魔を防ぐという信仰のベースにもなっています。だから「兆」をもつ木である桃が必要になるわけです。

したがって、鬼退治物語の主人公も桃太郎なのであり、柿太郎や梨太郎では意味がないのです。この際、桃にあやかり不況という鬼退治をしてもらって、明るい景気を呼び寄せたいものです。

また、お雛様には蛤《はまぐり》がつきものです。それに、蛤の貝殻に絵が描かれたいわゆる貝合わせも飾られます。この蛤は栗に似ているので浜辺の栗、はまぐりと名づけられたというのが定説になっています。また蛤は、他の貝とは決して合わないので一夫一婦の縁起物とされています。ですから、三月三日の祝い膳のときにもそうですが、結婚式の献立に『蛤の吸い物』が用意され、ひとつの貝に身をふたつ入れるのがしきたりになるのです。

はまぐりを逆にして、ぐり・はまというと、ものごとの手順がくい違うことであり、それが訛って、ぐれはまとなり、ぐれるという動詞もそこから生まれたのです。見込みはずれ、調子はずれ、不良化などの意味に使われているのは知っての通りでしょう。蛤という貝が、いかにぴったり合っているかの証明です。

私たちも、自分の仕事や勉強の段取りをきちっとして、見込みはずれのないように念願達成の祝い膳でなければなりません。蛤にあやかっての健闘を願います。

決算月です。各人の目標に積み残しのないよう、がんばってください。（２０００年）

激流に生きる鮎の成長

暑さ寒さも彼岸までというように、寒さも遠のき日の出も早くなってきました。日の出といえば「昧」という字をご存じですか。「まい」と読み、日がまだ昇らないところから、ほの暗いとか他が見えないという意味です。読書三昧《ざんまい》といえば、読書に集中して他が目に入らないことです。お互いに仕事三昧でありたいものですね。

さて、いよいよ躍動の季節ですが、激流に生きる鮎《あゆ》も、稚魚から成長して鮎らしい動きを見せはじめました。今月は鮎にちなんだエピソードの紹介です。

鮎の寿命はおよそ一年ですが、スズキやブリと同じように出世魚です。まず生まれたては「氷魚《ひうお》」と呼ばれ、春先になると「小鮎」、そして梅雨どきになると一人前の「鮎」となり、夏に成長して「大鮎」と呼ばれるようになります。このように鮎は成長するにしたがって名前が変わっていくのですが「氷魚」のすべてが必ずしも「大鮎」になるというわけではありません。流れがないと育たないのです。たとえば琵琶湖にも鮎はいますが、水に流れがないためせいぜい「小鮎」ぐらいにしかなりません。

鮎という魚は、まさに激流のなかで成長しているといってよいでしょう。

人にたとえるなら、川の流れが静かなとき、いわば順調にいっているときは、なんでも器用にさばいていく。しかし、いったん悪い環境や逆境に陥ると足がすくんでしまう人が少なくありません。逆境のとき、簡単にギブアップすることなく、自分のもてる力の全てを尽くしてそれに立ち向かうところに、人間としての値打ちがあると思います。

これから真に求められるのは、鮎のように、逆境になればなるほど力を発揮し大きく育つ、激流に生きる体質を兼ね備えることでしょう。素質は他の人と比べて決して劣っていないのに、どこか精彩を欠いている人がいますが、これはバイタリティが不足しているためといえるでしょう。これからの激流環境のなかを生き抜いていくには、知識や技術を身につけるとともに、バイタリティ、たくましく生きる力が重要となるのです。

厳しい環境におかれたときこそ、これを乗り切るために、鮎の心意気をもってほしいと思うのです。


（２００３年）

「質」とは担保された目標のこと

「超質の時代」という言葉が使われるほど、今はハイレベルな質の追求が求められています。この「質」という字のルーツを確かめておきましょう。

質は「貝」という字の上に「斤」が左右にバランスよく乗っています。この貝は、財務の財にかかわるもので資金の資、通貨の貨、賞与の賞、あるいは賣(売)り買い、ともに貝がつきます。上の斤は、重さや大きさの単位で、ふたつあるのは、Aの財貨に相当するBの価値というように双方のバランスがとれることを示すものです。

人質を例に取れば、あるハイジャック事件のとき、数十名の民間人を解放するのに、政府の高官一名と交換したことがありました。あるいは、大切な人の値打ちを、身代金で要求してくることがあるでしょう。

質屋さんがお金を用立てしようとするとき、その品物の価値を値踏みします。いくら高い値段で買ったブランドものだといっても今の相場から判断して、それに見合う金額しか渡さないでしょう。ここには、明快な斤と斤の釣り合いが存在します。

質という字はこんなルーツからはじまり、「品質」というようにもののよさを表したり、「質問」すなわち「よい問いかけ」で中身の質やレベルを判断し適切な答えを求めるものとなります。このように、平素なにげなく使っている言葉ですが、奥深い意味があるのに驚きですね。

さて、ふたつの斤のバランスを保証することを「担保する」といい、もので保証するときに、その物件を担保物件といいます。担保というと、土地や建物の代名詞のように思いがちですが、これは、部分的な理解にすぎません。本来の意味は、担保された目標というように使い、目標の必達を保証することです。

それぞれの立場、役割において自分の仕事の質を、あるいは目標必達を、どう担保するか、この際、再認識したいものです。

（２００７年）

ニーチェ

ニーチェという哲学者の名前は聞いたことがあるかもしれませんが、きっと難しいことをいっている人だろうと、興味の対象外にある存在でしょう。でも最近、その語録が隠れ人気を呼んでいるのです。『超訳ニーチェの言葉』（ディスカヴァリー刊）。私もちょっと拾い読みしてみたところ、なるほどと心に響くものがありました。

●

一緒に生きていくこと

一緒に黙っていることは素敵だ
もっと素敵なのは、一緒に笑っていることだ
二人以上で、一緒にいて、同じ体験をし、共に感動し、泣き笑いしながら、同じ時間を共に生きていくのは、とても素晴らしいことだ

●

……確かに恋人同士は黙ってすごしていても心が通いあっていますね。

自分しか証人のいない試練

自分を試練にかけよう。人知れず、自分しか証人のいない試練に。たとえば、誰の目のないところでも正直に生きる。たとえば、独りの場合でも行儀よくふるまう。たとえば、自分自身に対してさえ、一片の嘘もつかない。

そして多くの試練に打ち勝ったとき、自分で自分を見直し自分が気高い存在だとわかったとき、人は本物の自尊心を持つことができる。

このことは、強力な自信を与えてくれる。それが自分への褒美となるのだ

●

……これは大きな試練といえるでしょう。誰もいないとき、横着な振る舞いをしていませんか？　手順書通りになすべきことをきちんとしていますか？　自分が証人です。たとえば5S（P158参照）について、誰の目のないところでも、きちんとできていますか？　自分自身に対して嘘のない行動をしているといい切れますか？　私も少し恥ずかしい。これを機会に、自分に試練を課していきます。

（2010年）

行き詰まったときは「ゼムクリップ」を見よ

「改善改革を提案しなさい」といくらいわれても「乾いた雑巾を絞るようなもので、もうこれ以上アイデアは出ない」といいたくなるかもしれませんね。それなら、行き詰まったときには、「ゼムクリップ」を思い浮かべましょう。

ペーパークリップ。一般的には、ゼムクリップと呼ばれるものが発明され、製造機械の特許は1899年に、アメリカのウィリアム・ミドルブルックが取得しています。今では、どこの文房具売場でも箱入りで発売されていますが、その箱に取り扱い説明書がついているのを見たことはないでしょう。

使い方が、あまりにも単純で周知のことという前提からでしょう。どこにでもあるものですから、軽く扱い、商品の差異なども考えようとしません。でも、よく考えてみると、こういった最も単純なものが、最も複雑なものに負けないほどの多くの謎を秘め、開発や改良の本質や、着眼点に多くの示唆を与えてくれるのです。最初のゼムクリップが世に出てから100年を超えますが、この間に、ゼムクリップ関連で、なんと何百件もの特許がとられていることが、そのことを実証しているといってよいでしょう。今でも数限りない改良の試みが行われています。

たとえば、ゼムクリップを使いながら、ちょっと考えるだけでも、次のように、数多くの欠点があげられるでしょう。

- さっとはまらない。まず輪と輪を押し広げなければならない。
- きちんと留まっているとは限らない。何かに引っかかってはずれる。
- 書類を破る。取りはずすとき、鋭い先端が書類に突き刺さる。
- 枚数の多い書類はうまく把持できず、形が歪み紙束からはずれやすい。
- クリップで留めた側が高くなるので書類の山が傾く。

私たちが日常取り組んでいる仕事も、手なれているだけに、これ以上、工夫の余地はないと思い込んでいる傾向がなきにしもあらず。この際、改善の可能性を再点検してください。桃から桜と、花の季節もやってきました。お互いに若々しい気分で自分の役割、仕事の進め方など見直して取り組んでください。

（２０１１年）

「あれどうなった？」と催促されたら負け！

ある本に、自戒させられるようなビジネステストが目につきました。その中から、ある1問を紹介しますので、トライしてください。

問題　次の言葉の意味するところを述べよ。

①「あれ、どうなった？」と催促されたら、これは完全ミスと心得よ。

②「いった」「聞いていない」のやりとりがあるのは、伝える側のミスと認定する。

……なんでもないような問題のなかに、耳の痛いことが入っています。このあと私なりの答えを載せておきますが、すぐ読まないで、先にちょっと考えてみてください。

①の解答

されたことを実行しただけでは仕事が終わったとはいえず、その結果を頼んだ人に報告してはじめて完結する。たとえそれが単純な内容であっても、ひとこと報告するのがビジネスルールである。したがって、「あれ、どうなった？」と催促されたら、ルール違反、怠慢を指摘されたといわざるを得ない。報告は先手でやるもので、それがたとえどんな理由であっても催促されたら自分の負け、完全ミスと認識すべきである。「あれ、どうなった?」が多い職場ほどミスや取りこぼしが多い。

②の解答

同僚や他部門の人との連絡ミスが問題になることがある。「いった」「聞いていない」の水掛け論からは何も生まれない。それどころか、連絡のもれ、遅れは、ときには社外とのトラブル、社内での部門間や同僚間の不和の原因となり組織にダメージを与える。横の連絡ミスの責任は、連絡を受ける側ではなく、伝える側にあるとするルールを設定しておきたい。

連絡をしなければならない情報を受け取ったときは、それをどことどこに連絡すべきかを判断し、即座にこまめに、必要なすべての箇所に連絡するのがコツである。そのつど右から左へ連絡し「情報の仕掛品《しかかりひん》」はいっさいもたないこと。その上で、伝えたことが処理されるかどうかを見届けることが大切である。

以上、こんな答えが思い浮かびましたか? この際、あなたの身のまわりを再点検しておいてください。

（2001年）

北山杉に学ぶこと。銘木は相互研鑽しながら成長する

まもなく春本番、木々の新芽も葉を広げはじめています。緑いっぱいの、青春の季節が近づいてきました。来月から新しい事業年度に入りますが、お互いの目標を意識し、相互研鑽をしながらスタートダッシュをかけましょう。

相互研鑽といえば、京都では、天に向かって、まっすぐに伸びてゆく北山杉がよく引き合いに出されます。この森は、仲間うちに横に反れようとする木があっても、周囲の木がそうはさせません。皆がまっすぐなので、横に向かおうとしても、引っかかって行けないのです。相互牽制により、自律して、すっくと伸びていくのです。

北山杉の森を見ていると、私たちの組織のありようまで考えさせられます。

木々には、それぞれ特長があり、各都道府県がシンボルとして制定しているのを知っていますか。その一部を紹介しますが、樹名をあげてみると、なるほどと思われるでしょう。

大阪府は銀杏《いちょう》です。御堂筋の銀杏並木は演歌にも再三登場して、お馴染《なじ》みさんですね。

オリーブは香川県。武士道の「葉隠」で有名な楠《くすのき》は佐賀県のシンボルツリー。静岡県は木犀《もくせい》です。別名ハナカエデというハナノキは、中部地方に育つ特有の木だからでしょうか、愛知県の県木に制定されています。各地の特色が見えますね。

自分が住む街のシンボルツリーも知ると、おもしろいいわれがあるかもしれません。

さて、都道府県だけでなく郵便局でも「郵便局の木」が制定されています。多羅葉《たらよう》の木といって、葉の裏面に傷をつけると、その部分だけが黒く変色して、長期にわたり消えないところから、昔は葉に情報を託し、伝達をしたとのこと。経文を書くのにも使われたそうで、まさに葉書そのもの。4〜5月頃に小さな淡黄緑色の花を咲かせます。植樹スペースのある郵便局は、なるべく植えるようにとされているそうです。

この葉に切手を貼れば郵送可能です。ただポストに入れると、他の大きな郵便物の間に挟まり汚損したり紛れたりしてはいけませんので、窓口に出していただくほうがよいでしょうとは郵便局からのアドバイスです。毎月添える私からの手紙は「葉っぱ」ではありませんが、今月はそんな想いで読んでみてください。

（2013年）

正しい努力と無駄な努力。小さな違いに気づこう

「自分は天才じゃない、人より少しだけ努力をした、がんばっただけだ」

子どもたちにメッセージを頼まれ、天才と呼ばれるイチロー選手がこんなふうに答えていました。もちろん努力は大事ですね。確かに一流と呼ばれる人ほど、小さな積み重ね、日々のルーティンをしっかり守っているのでしょう。

しかし、じつはこのメッセージには落とし穴があり、「いかにも天才の典型的な答えだ」とやや批判的にとらえる人もいます。多くの子どもたちは、がんばっても、がんばってもなかなか結果が得られない。そして、がんばりすぎて（がんばることを強要されすぎて）身体を壊してしまうケースも多いそうです。

よい結果が得られないのは、無駄な努力を積み重ねているからで、努力が足りないのではないというのです。イチロー選手がメジャーで活躍できるようになったのは、間違った（自分にはそぐわない）指導に耳を傾けることなく、そのために半ば干されて出場の機会を得られていなかったものの、監督が替わって才能が開花したからです。

練習は大事、努力も大事です。

でもその努力が正しい方向に向いているか、もっといえばスタートが正しくできているかが、さらに重要なのです。

たとえば「佃」という漢字があります。「人（にんべん）」に「田」と書きます。田でなくて由と書いても「佃」にはなりません。100回書き取りしても1000回書き取りしても、間違って覚えて由と書いている限り、佃にはならないのです。小さな違いのように見えても、絶対に交じり合わない決定的な違いです。でも「上に突き出しちゃだめ、田だよ」と指摘されればすぐに修正できますね。身のまわりには「小さな違い」がたくさんあります。でも案外、それをないがしろにしがちです。「正しい」と「正しくない」の間にある小さな違いに気づく感性を養いましょう。

そして無駄な努力ではなく、意味のある努力をしていきましょう。

（2017年）

卯月　4月

人生は神様がくれた一枚の招待状

「人生は神様が与えてくれた一枚の招待券である」（高見　順）という言葉を聞いたことがありますか。招待券なら破いてしまってはいけませんし、大事に使わなければなりませんね。

「人生は一枚のジーンズである。上手に洗って使えば、使うほどツヤが出てくる」（扇谷正造）、この言葉も同じような意味にとってよいでしょう。買いたてのジーンズをわざわざ洗ってから使う人もいるくらいで、ある程度使い込まないと味が出ません。

4月1日から新しい事業年度に入りますが、自分のビジネス人生を振り返ってみたときに、一年ごとにツヤが出てきているといえるかどうか、チェックしてみてください。

「♪おまえもいつかは世の中の　傘になれよと教えてくれた……」

おふくろさんという歌の文句ではありませんが、あなたの人生は自発的に率先して、人の傘になっているといえるでしょうか。

たとえばグループで旅行したときに電車を最後に降りて、降り忘れている者はいないか、忘れものはないかと気を配れる人ですか。キャンプに行って天候は大丈夫か、健康状態はどうか、危険な場所はないかと気のつく人ですか。職場の後始末はもちろんのこと、会合のときに他の人より先に行って会場を整備し、話し合いに必要な雰囲気づくりをする人ですか。他の人より一歩先んじて心を配り、体を動かして仲間のために尽くす人といえますか。

こういう人には黙っていても他人が信頼してついてきてくれます。そしてその人はいつのまにか職場のリーダー、あるいは人生のリーダーの位置についているのです。顔はその人の履歴書といわれますが、こういった人々は顔にツヤがあります。

どうかこの事業年度を目標達成とともに自分をより磨きあげる年にしていただきたいと思います。

（１９９９年）

ダメだと思わない限り可能性は無限

木を囲いに入れると「困る」という字になります。囲まれると木は枝を伸ばせず、成長も止まって木は大困りというわけです。

人を囲めば「囚」の字で、行動の自由のない囚人になってしまいます。始末の悪いことには、この囲いを自分で勝手につくって、その中にこもってしまう人がいることです。自分の能力や性格などを、こんなものだと決めこんで、その囲いから飛び出そうとしない人です。

以前の給与レターで遺伝子の働きについて触れたことがありますが、最近のレポートでは、「取り組むテーマに、できると思うだけで遺伝子が活性化する」と報ぜられています。筑波大学の村上和雄名誉教授の一節を要約して紹介しておきましょう。

●

人には「できること」と「できないこと」がありますが、自分で自分の枠をつくってしまって、「できない」と思っていることのほうが圧倒的に多いものです。今まで「できない」と思って「やらなかったこと」のなかに、どれだけ「できること」があったか。こういう視点から、自分の生き方を見つめ直してみることも必要であると思います。「○○をやってくれ」あるいは「トライしてみないか？」と自分に声がかかったということは、それだけの能力を認めてくれているんだと、ありがたく受けとめるとよい。途端に眠っている遺伝子がＯＮになるのです。

できるかどうかはわからないが、やる前から「できません」ではなく、せっかくの要望に一度は応えるべきではないのか。過去にも「とても無理だろう」と思われることに取り組んで成果をあげてきたじゃないか。今度もやれるだけやってみよう。結論は自分で出さなくても自ずから出ると考えることです。

●

今までいわれてきた人生訓は、遺伝子学で完全に証明されているわけですね。ときは春、お互いに明るく、前向きに取り組み、もてる能力をフルに発揮しましょう。

（２００１年）

村上和雄教授には『生命の暗号』（サンマーク出版）、
『幸せになる遺伝子の使い方』ほか著書多数

桜の色が示唆するもの

花の季節を迎えましたが、なかでも桜は見る場所、時間によって表情を変えます。小高いところにいき、花を上から眺めるのも一興です。京都の嵐山や奈良の吉野など眼下に広がる花雲とでも表現したいほどの桜に、視点を変えると、こうも違うものかと驚かされます。あるいは、夕靄のかかる頃、ぼんぼりが灯り、その光に映える桜は、なぜか妖しい風情の艶姿を連想させ、それこそ花に溺《おぼ》れてしまいそうです。

ビジネスの場における改善のアイデアも、遠くからも近くからも見る。あるいは上から下から、またときを変えてというように全方位から見直すことで生まれると思います。

この桜の色を草木染めで表現した着物がありますが、まさに美の極致です。染織作家・志村ふくみさんは、ある本の一節に「桜の色」についての話を書かれています。示唆に富んだ内容なので、その一部を要約し紹介しておきます。

●

私の家に訪ねてこられた詩人の大岡信さんに、桜で染めた着物をお目にかけました。

大岡さんは、ほんのり薄紅色に染まった色を見て「ほほう、これは桜の花びらで染めたのですか」とおっしゃるので、私は「いいえ、花ではありません。桜の幹です」と申しますと、大岡さんは、すこし意外そうに、「えっ、あの黒っぽい幹からですか」と聞き返されました。そこで私は次のようにご説明したのです。

「花からは、この薄紅色は出ないのです。桜は幹や枝に、やがて春になって、花が咲くときのために、じっとこの色をためているのです。ですから花が咲いてしまうと、もうこの色は出ないのです。桜には可哀そうですが、花の咲く前に私のほうでいただいてしまうのです」

大岡さんは「ああ、そうなのですか、志村さんが先にいただいてしまったから、こんな美しい桜色に染まるのですね」

「桜の木は、また一年かけて花の精を蓄積していくのですよ」

●

ビジネス分野においても、見どころ、着眼を変えての発想を心がけ、渾身の力をためて満開の花を咲かせたいものです。桜狩りしながら考えましょう。

（２００８年）

『一色一生』（求龍堂）や『語りかける花』（人文書院）など志村ふくみ著は多数。またこの桜のエピソードを題材にした大岡信の「言葉の力」は中学校の教科書『国語２』（光村図書出版）に掲載された

身近にある宝物に目を向けよう。吉野桜に学ぶ

桜前線もかなり北上していきましたが、今年皆さんはお花見をされましたか？

桜といえば奈良県吉野の山桜。とくに太閤秀吉の大花見の宴は有名で１５９４（文禄三）年、秀吉は、徳川家康、伊達正宗、宇喜多秀家、前田利家といった戦国大名の勝ち残り全員と公家、茶人、連歌師などを含め総勢５０００人を引き連れて吉野で一大観桜会を催したといいます。

「年月を 心にかけし 吉野山 花の盛りを 今日見つるかな」とうたっています。

そして今も吉野は金峯山寺蔵王堂などが世界文化遺産に登録され、名実ともに「日本一」なのですが……、吉野町の北岡篤町長が次のようなことをおっしゃっていました。

「数年前に、吉野の住民に『吉野山でお花見をしたことがあるか』『ゆっくり桜を楽しんだことがあるか』とアンケートをとったら、『ない』という答えがびっくりするぐらい多かった。『目がまわるほど忙しいから』『どうせこの時季どこも人がいっぱいだか

ら』というのがその理由ですが、よその人、誰もがうらやむ吉野千本桜をじつは吉野の人間はまったく楽しんでいない。自慢できる素晴らしいものだと頭ではわかったつもりでいるけれど、ほんとうに自分たちのものとして自覚し、愛しんでいるかといえばそうでなかったのです」

●

そこで、町長は小学校の課外授業で桜を観に行く取り組みをスタートさせました。毎年続くこの授業のなかで、桜の下で小学生が自分たちの校歌を合唱すると、観光客の方々も喜び、子供たちも自分の住む町の桜に誇りをもつようになった、そして桜に感謝の気持ちを抱き、桜を大事にしたいという意識も芽生えたといいます。

財産である、宝物である、よそにはないと頭でわかっていても、身近にありすぎて、その凄さ、ありがたみを忘れてしまうというのは、吉野だけでなく、いろいろなところにありますね。親のありがたみがそうでしょう。妻や夫に対しても同じことがいえそうですし、ビジネスの場にも当てはまるものがたくさんあります。ぜひ皆さんも身のまわりの宝物を見直して、改めて感謝し大切にしてください。

（２０１７年）

きつねうどんへの執念

「きつねうどん」の元祖といわれる大阪船場・松葉屋のご主人のエッセイから、うどんづくりの背景を知り感動させられたことがあります。

禅の老師から「ほんまの、うどんをつくりなはれや」といわれたのが心にひっかかり、果たして自分はどんなうどんをつくっているのかと自身を問い詰めたといいます。

原料の小麦粉にしても、どこの産地がよいかは知っていたが、果たしてそれがベストかとなると確信がもてない。そこで、ヨーロッパ、アメリカ、カナダへ探求に出かけます。手打ちうどんを切る包丁にしても、スウェーデンの玉鋼でつくったものがよく切れる。だしをとる鰹節にしても、回遊魚である鰹がいつ、どこで取れたものが美味か、突きとめるために行脚する。恐ろしい執念です。砂糖は薄茶色のビートからとり、みりんもしょうゆも自然の原料からつくったものばかり。湯せんに使う竹で編んだふりかごも昔からのもので、竹のヒゴの幅や表裏の使い方が蕎麦用と異なるといった凝りようです。

ときには東山魁夷画伯の湧き上がるような絵画に感動して通いつめ、それがうどんに表現できないかチャレンジする。食べた瞬間にうまいと感じる化学的な材料や調味料とは異なり、店を出て数歩行ったあたりで、もう一度、客に来たいと思わせる後引きの味を出したいとおっしゃるのです。40年がかりで、やっと納得するうどんがつくれたといいます。

業種こそ違えど仕事の道を究める姿勢に変わりはありませんし、「わかっている」と安易なところで満足せず、今一歩、自分の役割に磨きをかけたいものです。

（2008年）

明日は今日がんばったごほうび

先日、テレビから、昭和40年代に流行した歌を紹介しているのが聞こえてきました。
そのなかに、アン真理子という方の作詞で、おもしろい歌があったのでご紹介します。

●

「明日」という字は明るい日とかくのね
あなたとわたしの明日は　明るい日ね
それでも　時々　悲しい日もくるけど
だけど　それは　気にしないでね
ふたりは若い　小さな星さ
悲しい歌は知らない

……続いての二番は、一番の「ふたりは若い」を受けて
「若い」という字は苦い字に似てるわ
涙が出るのは、若いというしるしね

それでも　時々　楽しい日もくるけど
また　いつかは　涙をふくのね
ふたりは若い　小さな星さ
悲しい歌は知らない

●

考えてみると、明日は誰にでも訪れてきますね。でも「すばらしい明日」は、今日、力いっぱいがんばった人だけに訪れるように思えます。よい仕事ができた日の夜は充実感があり、翌朝も気分よく爽やかな目覚めになるでしょう。「ただの明日」と「すばらしい明日」には大きな違いがあると思いませんか。

中谷彰宏さんが「明日は、今日がんばったごほうび。そして明日がんばった人には、明後日という『すばらしい明日』がもらえる」という表現をされていましたが、いい表現だと、素直に受けとめましょう。毎日毎日、がんばる人とがんばらない人との差は、大きくなっていきます。「今」「今日」「この瞬間」に、どんなことでも、手を抜かず精一杯やって、今期の目標達成に向けて、がんばりましょう。

（２０１０年）

仕事には「雑用」はない。「雑なやり方」にご用心

最近は手紙よりメールを受け取ることが多くなりました。そのメールのことですが、マナーを心得ていないというか、雑な書き方が多いのが気になります。友達や家族に携帯電話などで、できるだけ短い文章で連絡を取り合うクセ、習慣をビジネスの場に、そのままもち込むと笑いものになりかねません。

ー　名前を行変えなどのとき切らないこと

「御連絡いたしました○月○日開催の『××会議』の出席メンバーが決まりました。西田社長さま他18名となりました。ご指示の資料もコピーし用意できております」といったように、相手先の名前が「西／田」と行と行をまたぐ状態になっていたりします。これは完全に大人の手紙としては失格です。外国人であればSmithさんを「S/mith」と綴るようなもので、失礼以前に、まともな人名として通じません。

お名前だけでなく、固有名詞なども、なるべく切らないようにしたいものです。句読

点を入れるなど少し工夫すれば解決できることです。

2　自分の姓名は相手より、一行あるいは二行下げること

お客様あるいは目上の方と同じ行に、自分の名は書かないほうがよいでしょう。基本的な敬語表現に近いことであり、国際ベースでの礼儀でもあるのです。

3　先様のお名前はフルネームで書くこと

先様に、とりわけ初めてメールを送る場合は、そのお名前を姓名揃ったフルネームで送るのが基本です。当然、その場合は自分の名前もフルネームで名乗ります。自分が苗字だけを名乗り、相手をフルネームで読み書きすることは、いわゆる「目下」への態度と取られる危険性があります。

今回は、「雑なやり方」をメールを例にとってまとめました。小さなことのようですが、それが大きな問題につながることが多いのです。小さなことこそ雑に扱わず、丁寧に行い、大きな問題を未然に防ぎましょう。

（２０１１年）

「ありがとうの気持ち」を50通りの表現で

茶花として定番のひとつともいえる「京《きょう》鹿《か》の子」の季節を迎えました。紫紅色の細かい花をつけた花序（花の配列状態）が、染物の鹿の子絞りに似ているところから名づけられたそうです。上品な華やかさのある風情を、京言葉で「はんなり」と表現しますが、そんなイメージの雰囲気を漂わせる花です。

ところで京言葉といえば、この「はんなり」だけでなく、は行で表現される言葉に表情を感じます。「みいひん（見ない）」「ほんに（ほんとうに）」「ほな、そろそろ行きまひょか」「ほんなら（それでは）」「あきまへん（だめです）」などなど。このように、京都の言語特性を「はひふへほ」文化、これに対して大阪を「ばびぶべぼ」文化というように戯れた表現をすることがあります。大阪の濁点つきの発音には「ぼけ！」などその迫力に「びびる」ときがあるでしょう。ば行にかぎらず、「どあほ、どけち」さらには「ど根性」に至るまで腹の据わった言葉の表情です。

しかし、最近では情報伝達の同時性や、パソコンでの予測変換から語彙も少なくなり、こういった各地の特性のある言葉もその表情といったものが消えていく傾向にあり、とくに予測変換は便利なだけに、ついつられて、その文章を使ってしまいがちですね。礼状を書こうとして「あ」と打ち込むと「ありがとう」という言葉が予測転換されて出てくることが多いでしょう。「あたたかなお心づかいが身に沁みるようで……」「ああおいしいと思わず頬っぺたを押さえてしまい……」こんな言葉を打ち込む前に「ありがとう」と出てきます。でもメールの予測転換などに頼りすぎず、ぜひ自分の言葉で熱く語りかけてほしいものです。

ノーベル文学賞受賞の故川端康成さんが「あなた、ありがとうの気持ちを50通りの違った言葉で表現してみてください」と問いかけたことがあったそうです。文豪がいうような50通りまではなかなか難しいでしょう。でも、ぜひ自分の言葉、自分の表現を探してください。これでこそ渡すべき宛先に届くというものです。よいコミュニケーションで協力、目標達成に挑戦しましょう。

（２０１３年）

茄子の花はサクセスのシンボル

初夏の花が咲きはじめました。茄子《なす》の花も、この季節からですね。あざやかな色合いに、茄子紺という表現があります。

ところで茄子といえば、茄子の花には無駄花（雄花）がなく、咲けば必ず実るので縁起がよいとされています。いわばサクセス、成功のシンボルなのです。

「親の意見と茄子の花は、千に一つも無駄がない」というのは昔の諺です。親というところを、ビジネスでいえば上司や先輩におきかえるとよいでしょう。無駄のない意見を糧にしながらビジネスの効率を高めたいものです。

また「茄子がなる」という言葉にも深い意味があります。「なる」は「成る」と書きますが、「なす」は「作す」あるいは「為す」なのです。なす、というときには「作為」、つまりは人間の意志と行動がそこにあるのです。

「為せば成る　為さねば成らぬ何事も、成らぬは人の為さぬなりけり」と詠んだ昔の人は、そこのところをよくわかっていたのです。作為といえば、現代では「わざとらしい」というような意味で使われてしまいますが、意志と行動がなければ何も変わりません。

ちょうど、これから茄子の花の季節。お互いの目標に対するチャレンジも、こんな心意気で取り組んでください。

（1999年）

皐月 5月

コミュニケーションの根本は「むべなるかな」

春から初夏にかけては、一初《いちはつ》、枳殻《からたち》、郁子《むべ》など個性的な花々が咲き誇ります。一初は菖蒲に似ていて白色もありますが主に青紫色。あやめ科のなかで初めに咲くことが呼び名の語源とのこと。枳殻は白い甘い香りの花を咲かせますが若枝は鋭いとげを持ち、生垣として植えられることも多いようです。百合に似た郁子の花は、秋に赤い実をつけ食用になり、この実が「むべなるかな（なるほど）」の語源といわれます。

大津京のあったころ、天智天皇が遊猟の道すがら、溌溂《はつらつ》とした老夫婦に出会われ、「お前たちは、どうしてそんなに長寿なのか」と聞かれると、老夫婦は「この地で採れる長寿の霊果・むべの実を食べているからでしょうか」と言上したのです。郁子を賞味された天皇は、「むべなるかな。今後毎年献上するように」と仰せられたそうです。

以来毎年、郁子の実が宮中に献上され、この吉例は現在も続けられて、地元の大嶋奥津嶋神社（近江八幡市）の境内で、丹精込めて栽培されています。

私たちもビジネスの場で「なるほど、その通り」という、むべの声を対話の相手様からいただきたいものです。

ぜひ次の諸点に留意してください。

Said≠Heard（申し上げたからといっても聞いてもらえたわけではない）
Heard≠Listened（聞いてもらえても耳を傾け聴いてもらえたわけではない）
Listened≠Understood（聴いてもらえても理解されたわけではない）
Understood≠Agreed（理解してもらえても同意されたわけではない）
Agreed≠Convinced（同意されても心底から納得されたわけではない）

「私のつもり＝意図」ではなく「受け手がどう受けとめたのか」が問題です。

わかりやすく、かといって崩れた表現ではなく品位のある言葉づかいに、先様から「むべなるかな」に相当する「納得」といった声を引き出したいものです。（２０１２年）

秘色の風が吹く季節。さあ、やろう！

端午の節句のころに吹く風を、秘色《ひそく》の風と表現することもあるそうです。

風薫るというように、文字通り若葉や花の香りを運んできますが、じっと目を凝らすと、色さえ秘めていそうなところから「秘色」と呼ぶのです。風に色があるとすれば、何色を想像しますか？　辞書をひくと、秘色は青磁色のこととありました。

青葉もいっぱい、「さあ、やろう！」と気力をみなぎらせる躍動の季節ですね。

『道は開ける』などの著書で有名なデール・カーネギー、そして血縁関係はないもののアンドリュー・カーネギーは模範的な実業家で、ニューヨークのカーネギーホールを設立した人ですが、期せずしてふたりとも同じことを、次のように語っています。

●

「一日中を爽やかな気持ちで、きちっと仕事をすれば、一日中、腹を立てふくれて仕事をしたときよりも、夜寝るときの疲労がずっと少ないのです。疲れる原因は、仕事のせいというよりも、心のもちようの悪さからくることが多いのです」

「奇跡の人」ヘレン・ケラーも表現は違うものの、内容は同じ意味合いのことを発言されています。

「あなたは毎日少しずつ、やる気を蒸発するにまかせていませんか。人間の脳は、やろうと思う強い意志を行動に表すたびに成長します。中途半端な行動で立ち消えにしてしまったときの損害は、機会を失ったときより、はるかに大きいでしょう。その人の目的達成が遅れるだけでなく、心の冷たい人になり、いつも暗く疲労を感じているようになってしまいます。口先だけなら誰でも強そうなことがいえます。でも実際に発揮する勇気、やる気は、いつの場合も充分ではありません。私たちは、これくらいならいいだろう、という安易さの中で、毎日少しずつ、やる気を蒸発するにまかせているのです」

●

この季節、明るく、爽やかに、やる気を充電しておきましょう。「気」は共鳴することが多いものです。お互いに爽やかな気分で仕事に取り組みましょう。薫風の季節は、あなたの出番のときです。

（２００８年）

生きていくための手すり

新聞や雑誌、あるいはテレビなどで、いろんな事故の統計が紹介されていますね。

先日、ふと目にした記事に考えさせられたので紹介しておきます。

「車に轢《ひ》かれる危険がもっとも多いのは、一台目の車をうまくよけた直後です」

そうかもしれませんね。同じことは、仕事においても日常においてもいえそうです。問題やトラブルをうまく処理して、安心から気をゆるめたときにこそ、次の危険が迫っている可能性は少なくありません。一段落したときの息抜きと油断を、同一視しないでほしいのです。

ところで、事故防止といえば、注意を怠ると転落事故が起きかねない渓流沿いの細道や橋などには、必ず手すりがついています。その手すりは万全さを保証しているわけではありませんが、あれば、それなりの安心感があります。

人生において生きるうえでの手すりは、ある時期までは親であり、教師や先輩が、その役割を果たし、安心や、保護といった安定感を与えています。完全によりかかっても助けにはならないかもしれませんが、心の大きな支えにはなるでしょう。
自分には、手すりなど要らないなどと、いきがらないほうがよいように思います。それは弱いからではなく、しっかり生きていくためのものと受けとめましょう。手すりを使う立場になったり、なられたりして生きていくことが大切です。一度、自分の立場を手すりという観点から見直し、よりかかりの安定感をメンテナンスしておきましょう。

（2016年）

座布団の表と裏の違いをご存じ？

今は緑いっぱい、若葉の季節です。新茶もおいしいときですが、お茶といえば、お茶を入れる土瓶、あるいは急須に表・裏があるのを知っていますか？

把手を右に持ち、注ぎ口を左にしますね。このときの手前側が裏で、向こう側が表とされています。注いでいるときに、自分のほうではなく、相手のほうに見える側が表というわけです。急須の形によっては、把手と注ぎ口が一直線上ではなく、把手が少し内側に寄せてあるものがあるでしょう。こういうタイプは手前の方の絵柄もわずかで、とくに見栄えがしません。お客様から見えるほうがきれいで表になるのだと理解してください（なお、お茶の世界で表千家、裏千家といいますが、これは、所在地である京都・寺之内通りに面して表側と裏側からきたものです）。

そして座布団にも前・後、並びに表・裏があります。一般的に四角い座布団は、三方に縫い目があり、一方だけ縫い目がありません。この縫い目のないほうが前になります。表は房のついているほうなのですが、最近は両方につけたものもできています。この場合は、生地の縫い目で見分けます。生地を重ねた縫い目の、上の生地が下を向くように敷けば表が上にきます。

先日、ある宴席で出された座布団の扱い方が、少々荒っぽいのでびっくりしたことがあります。あまり細かいことにこだわる必要はありませんが、知っているのと知らないのでは、どこか差が出てくるものなので、ひとこと触れてみた次第です。

紙を折るときは、不祝儀以外は向かって右が上にくるようにしてください。きものを着ている姿を相手から見ると右が上になっていますね。ちょっと見まわすと、家のなかの引き戸でも右が上でしょう。

今月は、今更こんなこと聞けないという常識を紹介してみました。そして目標達成は表！　と理解してこの季節を走り抜いてください。

（2003年）

「竹の子運動」はオールシーズン

春の花の季節も済み、これから夏が一直線にやってきます。健康に留意して、バテないようにがんばってください。5月は竹の子がおいしい季節ですが、いい話を聞いたので忘れないうちに紹介しておきます。

ある会社で、社内運動として「竹の子運動」というものをはじめたそうです。竹の子というのは、地面に頭を出してから掘ったのでは、もう固くなっていて、あまりおいしくありません。まだ大部分が地面の下にあって、ちょっと頭を出すくらいのを掘り起こして採るとよいのです。そうすると、柔らかくておいしい竹の子が食べられるわけです。しかし、少しでも頭を出した竹の子は、ボヤボヤしていると他の人に掘り起こされてしまうので、おいしい竹の子を手に入れようと思うなら、地面のわずかな割れ目をいち早く見つけ出すことが肝心です。

「竹の子運動」の狙いというのは、こうした地面の割れ目をいち早く見つけ出すことなのです。つまり、世の中、あるいは社内の、まだ顕在化していない諸々の問題や気配を、いち早くかぎつけようというものでしょう。

うまいネーミングだと感心します。

今の世の中は、企業であれ個人であれ、ものごとに対する感度が鈍いところは、後手後手にまわって、おいしいモノを手に入れることができません。

そして感度とは、組織という存在がもつものではなく、その組職を構成している「人間」がもつものです。ここに高感度人間の登場が求められる所以《ゆえん》があるといってよいでしょう。だから、いってみれば「竹の子運動」とは、組織のテーマであるとしても、結局は組織の構成員である一人ひとりのテーマということになります。つまり、組識の課題であるとともに個人の課題でもあるわけです。

この両輪がうまくかみ合ってこそ、会社の成長があるわけです。お互いに竹の子を掘るつもりで自分の仕事を見直してほしいと思います。よい竹の子を見つけて、おいしい成果につなげてください。


（2006年）

安岡正篤の言葉から学ぶ

安岡正篤という明治生まれの東洋思想の研究家の書、きっと堅苦しいことが載っているのだろうと思いながらページをめくったのですが、なかなかどうして、結構おもしろいのです。少し要約、紹介してみましょう。

●「才」という字は名詞と副詞では意味が違う

名詞では、才能というように能力を意味するが、副詞として使うと、「わずかに」とか「やっと」という意味になる。能力というものは大切なものだが、それだけでは、わずかなものにしか過ぎない。「才」の大事さを十分に知りつつ、わずかにとも読ませることは、よく考えて字がつくってあると思う。昔の人の、識見の高さを見ることができる。能力プラス品格を心したい。

「中」を、単に真ん中と考えないでほしい

「中」というと相対するものを結んだその真ん中を「中」と考えがちだが、それは「中」

のいちばん幼稚な段階。本当の「中」というのは、矛盾しているものを解決して高いところへ進めることにある。理想と現実を例にとると、人間はどちらかに偏りがちである。どうかすると、理想家肌は足元がおろそかになりがち、逆に現実家肌は少し堅すぎて進歩性がなくなる傾向がある。これが統一されて危なげのないものを「中」と理解してほしい。積極かつ堅実、厳しくかつ優しいなど、同時追求しにくいものを同時追求することともいえよう。

「一流の知性とは、一見すると相反することを同時に心の中に抱きながら、しかも矛盾させずに機能させることのできる能力のことである」という定義があるが、これこそ「中」の本質そのものであろう。

力量をもって人生を渉る

太い筆で細かい字を書く……これが人生を渉《わた》る秘訣だ。

しかし、それには十分の力量がなければならぬ。

●

お互いに心して、ビジネスの道を歩みましょう。

（2007年）

『活眼活学』（PHP研究所）、『運を開く』（プレジデント社）『一日一言』（致知出版社）など安岡正篤の著書は今でも多数刊行されている

数量化すると意外なものが見えてくる

私たちの身のまわりを数量化してみると、便利なことが多いものです。

たとえば、一円玉は1gの重さで、直径は2cm。自分の身体でいえば、両腕を真横にそれぞれ目一杯広げたときの、左手の中指の先と、右手の中指の先までの長さは、その人の身長とほぼ同じです。また、人間の大股での歩幅は身長のおよそ2分の1になっているので、これを使って、対象の大きさを概算することができます。手のひらの幅（広げた手の、親指の先から小指の先）は約20cmと思ってもらえばよいでしょう。ほんとかな？と気になるようでしたら、定規で確かめておいてください。

速度についても、暗算できる係数があるので紹介しておきましょう。

一般に、人間は危険に気づいてから対処するまでに1秒ほどかかるのが平均だそうです。車でいえば、危ないと気づいてブレーキをきかせるのに1秒のズレが生じるわけですね。もし時速40kmなら秒速は11m、60kmで走っていれば、ブレーキがきくまでに16・5m進んでしまいます。0・000275を掛け算するのですが、時速の頭にある数字に3を掛けると意識するくらいでよいのです。時速40㎞なら、4×3＝12で12m、右ページの計算の11mに近い数字です。いずれにせよ「あっ」と思ったときには10m以上先に進んでいることに変わりありません。

このように一瞬のスキを数量化してみると、その恐ろしさが如実に迫ってきます。

このほか、お得意先をイライラさせはじめる待たせ時間は15秒という統計もあります。従来、電話のベルは1秒鳴って、2秒の間を置き、また1秒鳴るというシステムが一般的でした。ですから5回鳴ったあたりでほぼ15秒ですね。誰しも、どこかに電話して、5回目のコールで出てこられないと「お留守かな？」と思いはじめるでしょう。

これは、だいたい黙って待たされる限度が15秒という証明といえそうです。

お客様をお待たせする場合、途中で「恐れ入りますが、もう少々お待ちください」などと声をかければ別ですが、そうでないと、イライラは15秒あたりからはじまります。クレームにはならないまでも、コンプレイン（不満足）が積み重なり、信用を落としかねません。

一瞬のスキが、個人及び会社の命取りになるだけに心したいものです。（２００８年）

プロ中のプロは「千手千眼」を大事にする

プロ野球オールスターゲーム出場選手の選出が話題になる時季を迎えました。通算するとパ・リーグ80勝、セ・リーグ75勝の通算成績です。今年の予想はどうでしょうか。

さて、野球のプロとアマの差はプレート上5センチにあるといわれます。

ピッチャープレートからホームプレートまでの距離は18・45メートルですが、プロの投手がカーブを投げると、この間に35センチ、アマの投手では30センチほど曲がるというのが平均的な数字だからです。プロの投手のほうが5センチ多く曲がるわけですが、この5センチの差は18・45メートルの間で、ボールをプロなら16回転、アマなら14回転させることによるそうです。わずか2回転の差が、プロとアマの間を分けるのです。

セールス活動の分野でも、プロとアマに関する統計がいろいろありますが、訪問回数についての参考資料を見てみました。1回の訪問であきらめている人が48％ほど、2回でやめる人が20％、3回が7％、4回が5％、さらにアプローチの切り口を変え、説明の組み立て方などを変えて、5回以上続ける人はわずか2％。そして実績の、75～80％

を獲得しているのは、この5回以上の訪問をしている、最後の2％の人々なのです。

このプロ中のプロのおひとりが、次のようなことを語っていました。

「私の尊敬するのは、千手千眼観音様です。あの手この手と、対象に応じて使い分けておられるでしょう。しかも、その千の掌には、おのおの一目が描かれていて、千の眼というあらゆる角度から御覧になっていますね。そして千の手というありとあらゆる手立てを自由自在に用いて人々を救おうとなさっている。私は人を救うような立場ではありませんが、よい商品をお求めいただいて、人生を楽しんでいただこうと思い営業活動を続けています。まだまだ、アプローチの仕方が百にも至りませんが、お客様のニーズを、一面的ではなく多くの角度から見直してトライしているつもりです。毎朝、千手千眼で行こう！　と声を出してスタートしています。これは、私流の信仰かもしれません」

私も千手千眼観音を拝観したことはありますが、こんな見方や活用は初耳です。確かに、この千手千眼のスタンスは、営業に限らず、生産部門にも、管理部門にも求められることですね。自分の役割について、千の角度から見直し、千の手法を考え、真のプロでありましょう。


（2015年）

次元を超えた大泥棒に「手順・工夫」を学ぶ⁉

作家・司馬遼太郎さんの『街道をゆく』シリーズは、国内外にわたり、その視点の確かさに、いまも愛読者が多いようです。ときにはおもしろいこぼれ話も載っていて笑いを誘います。次のような話も書いてありました。

ロンドンで人から聞いた話だということです。

●

ロンドンに住んでいる人がいた。ある時、自分の家の車が泥棒に盗まれてしまった。これは困ったと思っていたところ、何日かたったら車がちゃんと家の前に返されていたというのです。泥棒が返してくれたのです。

ほっとしたところ、車の中に御礼の手紙まで添えてあって「車をよんどころない用事で、貸していただいた。どうもありがとう。用事が終わったからお返しします」と書いてあるのです。「ついては、その車を使わせていただいたお礼として、ささやかだけれども、音楽会のチケットを家族分用意したから、どうかこれを使ってください」と書いてあったというのです。

盗まれた人は感激しました。返ってきただけでなく、ちゃんと御礼のチケットまで入っているのです。それも、なかなか手に入りにくい人気歌手の音楽会です。大喜びをして、全員でチケットを持って音楽会に行ったのです。そして帰ってきました。帰ってきたら、見事に家中のものが盗まれてしまっていました。

●

司馬さんがそういう話を聞いたと書かれていました。盗まれた人には気の毒ですが、鮮やかさに感心しますね。手の込んだストーリーで、実に演劇的でドラマがありますね。手紙を書くなんて、なかなか文学的です。

空き巣話などというのも、なかなかいいものではないかと司馬さんはいいます。最後にはオチのように笑いを誘う点もちゃんとある、この泥棒は芸術家のなかに入れてもいいと。こんな泥棒が、実際にいたかどうかはわかりませんが、梅雨に向かう季節を笑い飛ばしましょう。同時に笑うだけでなく、私たちも「いい仕事をしているね！」と、感嘆の声をあげさせるほどに、手順に工夫を添えて取り組みましょう。

（２０１６年）

夏の章

燃える夏、暑さに負けずバテず
前向きに元気に何ごとにも取り組んでいきましょう。

水無月　6月

まぶしさを感じさせる人であろう

今ごろの季節を「雨濯《うたく》の候」とはよくいったもので、雨が樹々の葉を洗濯して色鮮やかです。若々しい青年をイメージさせます。青年といえば詩人、高村光太郎に「私は青年が好きだ」というすばらしい詩があるので一部を紹介しておきます。

私は青年が好きだ
私の好きな青年は朝日に輝く山のやうに
晴れやかできれいで天につづく
私の好きな青年は燃え上る焚火のやうに
熱烈で新鮮であたりを照す

まぶしさを感じるような明るさがありますね。このような熱烈で新鮮な表情があれば、高村光太郎ならずとも誰にでも好かれるでしょう。いきいきした表情をする人は人に好かれます。その人から生きていることの張り合いを感じるからです。そして未来に希望を感じるからです。暗い顔をしても一日、明るい表情をしても同じ一日です。それならば、できるだけ明るい表情をしていたいものです。

●

それでは、いきいきした表情をするためにはどうしたらよいのでしょうか。

その日、そのときの行動目標をもつ。今日はこれをやるんだ、今週はこれをやり終えるんだという目標をもっていると、張り合いが顔に出てきます。

どんな小さなことにも感謝をする。何ごとにも、ありがとうと感謝をしていれば、他人の生活をうらやむこともなくなり、ゆとりと充実感が生まれます。

積極的な働きかけをする。何ごとも頼まれる前にやるんだ、催促される前にやり終えるんだという積極的な働きかけがあれば、自然に表情がいきいきしてきます。

これから汗の季節を迎えますが、どうかめげずに前向きに戦ってください。(２００２年)

アイ・ラブ・ユーが心を落ちつかせる

ある朝、なにげなくつけたラジオ放送で、渡辺和子さんという方の語りが耳に残りました。覚えている範囲で紹介しておきます。「落ちつき」についてのお話です。

●

人間の大きさは、その人が取り乱すものの大きさだとは、母からよく聞かされました。些細なこと、どうでもよいことにあわてふためき、右往左往するものではないという母の美学でした。ですから、ちょっとでもお天気が怪しいときには傘をもっていきなさい、駅には30分前に着いているように、降りるときは一駅前から準備していなさいといった細々した注意をする母でもありました。

「いざというとき、あわてないで済むからね」

このようなありがたい母の知恵と美学のおかげで、私はあまり「あわてない」で生きる術を身につけることができたように思います。それでもお恥ずかしいことに今にいたるまで私が決まって落ちつかない時間があるのです。朝礼や冠婚葬祭のスピーチなど、つまり人前で話さないといけない場合の前の時間です。

そんな私に、落ちつく方法を教えてくれたエピソードがあります。マリアン・アンダーソンという歌手は歌う前に、舞台の袖で出番を待っているときは落ちつかなかったそうなのです。そこで彼女は自分なりに落ちつかせる方法を考え出しました。舞台の袖から聴衆に向かって「アイ・ラブ・ユー」と3回唱えてから、悠然とステージに出るということだったのです。落ちつきを身につける方法にはいろいろあります。人によっても違うでしょう。マリアン・アンダーソンのエピソードは、自分のパフォーマンスよりも、相手のために一生懸命歌おうという「愛」が、不安定な自分を落ちつかせる力をもっていることを教えてくれています。

●

相手のために、一生懸命であろうという姿勢が、落ちつかせる力をもっているというものの見方は初耳ですが、考えさせられますね。お互いに、あわてずに、前もって準備を怠りなく、しかも徹しきりたいものです。それでこそ、いい仕事ができるというものです。

（2003年）

人の出来不出来は書で、字でわかる～放射エネルギーについて

東京で開かれた書道の全国大会のことを紹介しておきましょう。

一般に書の評価は字体を見て、線が澄んでいる、深みがある、品があるなどという主観的判断に頼ることが多く、書く瞬間に自分を完全に投げ込んだ、生きた字が書かれているかどうかの判断は、なかなか難しいものだそうです。

ところが、その大会で、ある先生が書の上手下手を客観的に見分ける方法を発表し、センセーションを巻き起こしたそうです。それは、文字の一部を電子顕微鏡で1万倍から5万倍に拡大してみる方法だというのです。

人間ができた人の書いた文字は墨汁の粒子がきれいに整列していて、一粒一粒が活性化されているそうです。いくら上手にみえる専門家でも、人間ができていないと、粒子の列が乱雑で、一粒一粒が死んでいるとレポートされています。これは墨気といって、従来からも宗教界などで修行の判断材料にされていました。つまり、その人の字を見れ

ば修行の程度がわかるとされていたのですが、このことが科学的にも証明されたわけです。魂の入った書、粒子の一つひとつが生きている字が書けるということは、その前提として人間としての修行ができているということです。

これを私たちの日ごろの仕事におきかえてみるとどうなるでしょう。

真剣に仕事をしているときの姿には気魂《きはく》がありますね。このとき、手の先、口の先、身体の先からある種のエネルギーが強く出るのだそうで、その人の仕事ぶりに心を打たれたり、動かされたりするのは、そんなときです。

私たちも、仕事のプロを自認するなら、一瞬一瞬に全力投球し、生きた仕事をやりたいものです。6月から7月は、手の先、口の先、身体の先から、ビリビリッとするくらいのエネルギーを放射して仕事に取り組んでください。

（2006年）

時間は音符である

一年を時間で表せば、365×24＝8760時間。このうち睡眠や食事など生活に必要な時間と、仕事に直接必要な時間を差し引くと、自分で自由に管理できる時間は、個人差はあるというものの、2000～2500時間ほどになりましょう。

多くの方は、この大量の時間をどう使うかが不明確、曖昧なままにしているようです。自分なりに時間の哲学をもって、使い方を考えなさいと、昔からいわれているのですが、私も自慢できるほどではありません。なかなか自分の時間がもてないと嘆く人はたくさんいますが、じつは一人ひとりが毎日、自分の個性をどう生かし、この与えられている膨大な時間を、いかに使うかということを試されているのです。

音楽にたとえるなら、楽譜を渡され、自由に演奏してみなさいといわれているようなものです。ある方が「時間とは音符のようなものです！」といわれた言葉が印象的だったので、その意味を紹介しておきましょう。

たとえば、ベートーヴェンの『運命』。有名な交響曲の出だしは「ジャジャジャジャーン♪ ジャジャジャジャジャーン♪」です。あの出だしの音符は同じですが、小沢征爾が指揮するのとカラヤン、バーンスタイン、フルトヴェングラーが指揮するのとでは演奏時間も曲の強弱も違います。同じ音符でありながら、まったく違ったニュアンスの曲が奏でられるのです。

人生の時間もまた音符のように、生きる人によって、同じ時間でありながら、そこに描きだされる様相はまったく違うものになるということです。自分に与えられた時間をどう生かし、なにを創造するかはその人次第。流れる時間は有意義なものにも、無益なものにもなります。一人ひとりが、時間の過ごし方を見つめ直し、豊かな人生を築きたいものです。

6月10日は「時の記念日」ですが、これを機会に時間の使い方を再点検、再設計して時間あたりの生産性を、量、質ともに上げたいものです。

（２０１１年）

ノンバーバルコミュニケーション～行動や顔つきを見て察する能力

宇宙飛行士の毛利衛さんは「ＮＡＳＡの優秀な宇宙飛行士は、相手が言葉を発する前に、既に相手のいいたいことを理解している」とおっしゃっています。行動や、顔つきを見て察する能力「ノンバーバルコミュニケーション」も、ハイレベルなコミュニケーションのひとつであることを知ってほしいとのこと。言葉は勘違いを防ぐ確認のために発するというわけです（バーバルとは、言葉によるという意味）。

緊急事態にさらされる宇宙ではいいたいことを正確に伝え、相手のいうことも正確に理解することが大事。それも一刻も早い伝達が求められるだけに、ハイレベルなコミュニケーションが必要なのです。わからなければ聞き返してあいまいにしません。

そして話は変わるようですが、京都の花街でも、芸妓や舞妓に同様なレベルのコミュニケーションを求めています。

「お客様から、水がほしいといわれたら、接遇者として失格」

「お客様から、おしぼりがほしいといわれたら、これも失格」

お客様の細かな目の動き、息づかい、表情のちょっとした変化、くちびるの動きから、まぶたの閉じる速度と間隔、あるいは話されるスピード。これらを微妙に感じ取る感性をいつもフルに働かせていなければいけない、ということが求められているのです。

そして「水をください」と客から頼まれる前に、こちらから「お客様、冷たいお水はいかがでしょうか」と声がかけられるようでなければならないのです。別の言葉でいえば、その場の空気を読みこなすことでしょう。

アメリカの心理学者アルバート・メラビアン博士は、その場の空気、人間の想いは、顔の表情で55％わかる、声の大きさ、質、テンポで38％、会話の内容から7％といった割合で見当がつくと発言されています。その他、目に力があるかないか、振る舞いはどうかなどと目配りをすれば、多くのことが読めるとの提言です。

以上、こういった事例を見聞きするたびに反省させられることが多いものです。我々も、仕事の連携プレーにおいて、「ツー・カー」のスピードと、確実さをレベルアップさせたいものです。

（２０１１年）

「まれに」とは、どれくらい？

言葉の世界では、同じ単語でありながら、根本的に違う解釈をしていることがあるので要注意。たとえば「我慢」を三省堂『広辞林』などの辞書でみると「自慢」という意味も載っています。確かに我慢の「我」イコール「自」ですから自慢に通じます。

辞書には「我意を張り通すこと」という意味と「我意を張らずに忍耐すること」というように反対の意味の両方が載っています。夏目漱石の小説などには、前者の意味で使われていますが、今は誰もが後者の忍耐するほうに受けとめているでしょう。いつしか音もなく言葉の意味や、使い方が変わってしまっているのです。

しかしビジネスの場の伝達や受けとめ方に解釈違いがあっては大変なことになります。「この薬を服用すると、ときに副作用が起こることがあります」と書いてあったとすると、この「ときに」は、どれくらいと思いますか？

試しに周りの人に聞いてみると差が大きいのです。3回に1回くらいという人から、100回に1回など様々です。ちなみに、厚生労働省では「まれに（0・1％未満）」、

「ときに（5％以下）」と規定しています。これによると「ときに」の頻度は、0・1～5％になります。ここまで厳密にとは申しませんが、あいまいな言葉づかいは廃棄しましょう。なにげなく使っている「ほんの少し……」、「誰もが……」といった表現も量的な受け止め方には大きな差があるものです。この際、作業の手順書など総点検して、解釈に差が出るような表現があれば、早急に改定してください。

（2012年）

わかりやすさは思考力を弱める

「そうだ京都、行こう。」というJRのポスターにも載った永観堂を知っていますか？　京都を逍遥《しょうよう》する代表的なコースに組み入れられています。正しくは「ようかんどう」なのですがほとんどの人が「えいかんどう」と思っておられます。もし、京都駅あたりでタクシーの運転手に「ようかんどう」へ行ってほしいなどといえば、「どこの菓子屋さんですか？」と怪訝《けげん》な顔をされるかもしれません。

禅林寺という寺名に、永観《ようかん》律師という有名な御住職のお名前を冠して永観堂と称するようになったものです。念のためにお寺に確認の電話をしてみたところ、正しくは「ようかん」だけれど、皆が「えいかん」というようになったのでこだわらないようにしていますとのこと。以上は一例ですが、最近、同じような事例が増えてきました。

なんでもわかりやすくするためにと、漢字をひらがなにして表示する傾向も強くなっています。そのことで地名なども歴史的な背景が失われ、単なる記号になり下がっているのが気になるところです、何ごとも具体的にわかりやすくへ。それが味わいを薄め、思考力までも弱めているように思えてなりません。

テレビの料理番組なども説明がこれでよいのかなと頭をひねるときがあります。材料100に対して塩3といった表現になり、塩少々といった漠とした表現がなくなりました。確かにわかりやすいですが、考え方によっては味の押しつけでしょう。

料理だけに限らずさまざまジャンルで同様な傾向にあります。ビジネスの場で、作業標準通り仕事を進めるのは必須条件ですが、咄嗟《とっさ》の判断やフレキシブルな対応ができない人が増えているのもこのあたりに原因がありそうです。「わかりやすく具体的に」が必要なことも多いのですが、その偏りが、かえって思考力を弱めていることに気をつけたいものです。

具体的でないものを抽象的でよくないと撥《は》ねることがありますが、これは、抽象の本質がわかっていない発言です。「抽象とは多くの具体的な現象のなかから、共通項を抽出したものである」と再認識しておきましょう。いわば抽象はエキスとさえいえるのです。わかりやすい消化のよいお粥ばかり食べずに、噛みごたえのある食材のようなテーマに取り組み、思考力を高めるトレーニングをしましょう。

（2013年）

幽かなものに気づく感性〜蓮と睡蓮の違いを知る

「荷風」というと文豪の永井荷風を思い浮かべる方も多いでしょう。この「荷風」という雅号ですが、多くの人が「荷物」の荷と理解して、変なネーミングだなと思っているようです。これは大きな誤解なので少し説明をしておきましょう。

「荷」の字を辞書で調べると、①水草の名「はす」、②「薄荷」は薬草、③になう（重荷や仕事を引き受ける）とあり、荷は「蓮の花」なのに驚かされるでしょう。

今頃の季節、各地の池やお堀では蓮の花が咲き誇ります。その上を吹く風は清々しく品のよい香りを運んできます。この情景が「荷風」なのです。蓮の香りはじつに微妙で、花弁に顔を近づけても、ほんのり甘い香りですから、荷風が運んでくる香気は、もっと幽《かす》かです。

この香りが受けとめられる感性を大切にしたいものです。最近は何ごともギトギトして強烈な刺激で訴求しようとする傾向があるでしょう。私たちも、つい慣らされ、より強い刺激を求めようとしてしまいます。こうした傾向に、何より心配なのは人の心の理解です。何が微妙かといって、私達の心ほど微妙なものはありません。それを汲みとるには、幽かなものへの、鋭敏な感性がカギなのです。コミュニケーションを円滑化するベースともいえるでしょう。

どこかで蓮の花を見かけたら、香りを確かめてください。

なお、蓮と睡蓮の違いを付記しておきましょう。よく似ていますが、蓮は早起きが多く、水面より高い位置で咲き、睡蓮は水面に咲き、寝坊な仲間が多いので「睡る蓮」として区別します。

今月、いっておきたかったのは、仕事への取り組みに「鋭敏な感性」を働かせよということです。

（2015年）

『文月』7月

「何もしない」は「何もしない」ことを行なうこと

昔読んだ本でタイトルは忘れてしまったのですが、いまだに覚えている印象的なシーンがあるので紹介しておきます。

●

一匹の犬が体を前にかがめて激しく吠えたてている。そのすぐ鼻先に垣根にぴたりと体を寄せて一匹の小猫が毛を逆立てふるえている。カーッと口をあけ、ニャーオ、ニャーオと泣いている。すぐそばに男の子がふたり立ってどうなることかと見ていた。窓からそれをのぞいていた女の人が飛ぶようにして階段からかけ下りてきた。女の人は犬を追っ払うと男の子たちを叱りつけた。

「あんたたち恥ずかしくないの」

「どうして恥ずかしいの？」「ぼくたち何もしていないよ」

男の子たちはびっくりしたようにいった。

「だから悪いのよ」

女の人は真っ赤になって怒った。

●

何もしていない、だから悪いのだ。なぜ犬を追い散らし子猫を救わないのか。女の人はそういいたかったのでしょう。私たちも平素、この男の子たちと同じようなことを平然としてやっていることがあるのではないかと思います。何もしなかったは「『何もしない』ということをした」ことになり、さまざまな問題があるのを知りながら何もしていないなら、大変なことです。

各人の立場、役柄においてなすべきことで、これに類するような恥ずべきことがないかどうか、身のまわりを点検してください。これから盛夏を迎えますが、暑さにめげず力一杯トライしてください。


（１９９８年）

山笑う、山粧う、山滴り、山眠る

俳句の世界に「季語」があります。たとえば山に関連して「山笑う」は春の表現、「山粧《よそお》う」は秋に使います。錦繍《きんしゅう》の秋というように全山が紅葉した姿は、まさに山が化粧したようで「山粧う」がぴったりです。冬山の表現は「山眠る」となっており、雪におおわれた山々が連想できますね。

そして今ごろの夏山は「山滴《したた》り」を使うのです。山の岩肌や苔から滴り落ちる点滴で、その清冽な涼味が感じられるでしょう。炎天という言葉があるように、炎えるような夏であっても、心は涼しく仕事に取り組みたいものです。

ところで夏といえば、蛍の句が目につきます。

「螢籠《ほたるかご》 昏ければ揺り 炎えたたす」という句を見つけました。蛍の入っているかごを揺さぶっても実際には蛍の光が明るくなりません。それでも無意識のうちに明るさを求めて、手もとの螢籠を振る情景が見えるようです。

さて螢という字を今は略して使うことが多いですが、もともとは火をふたつ書き、冠の下に「虫」を書きます。この「虫」を「木」に変えると榮《さかえ》になります。木が燃えるときの火のように、いつまでも栄えたいというのが語源です。

この「木」を「水」に変えると「滎《けい》」となります。あまりお目にかからない字ですが、こんこんと湧き出て汲めども尽きない水を表現する文字です。おもしろい変化だと思いませんか。この水で、この心意気で汗をぬぐって、もうひとがんばりしてください。それぞれの職場で、職務の完遂を期待しています。

（２０００年）

ビジネス用語の吟味

プロとアマの違いを明確にしてみましょう。アマチュアとは、自分の仕事に責任を感じない人のことです。同じ失敗を繰り返してもヘラヘラと笑っていられる人のことです。

プロの考え方（とアマの考え方）を列記しましょう。

①確かな目標がある（漠然としている）
②自分のシナリオを書く（他人が気になる）
③信じられる（不信が先にある）
④できる方法を考える（いいわけが先に出る）
⑤使命感で最後までやり抜く（途中で投げ出す）
⑥成功すべく努力する（失敗を恐れる）
⑦可能性に挑戦する（経験に生きる）
⑧成長を求め続ける（現状に甘える）

⑨時間を有効利用する（行き当たりばったり）
⑩常に自己訓練に励む（気まぐれ）
⑪自己投資し続ける（享楽的資金優先）
⑫人に役立つ喜びを優先して行なう（利己的・自己防衛的）

日本一高い山は？　と問いかけられたら、誰しも富士山と答えるでしょう。しかし二番目は？　となるとすぐに出てきません。オリンピック女子マラソンの優勝者は？　と聞かれれば、即座に高橋尚子さんを思い出します。しかし二番はダメ、わかりません。
プロであるなら、互いにそれぞれの役割の中でトップを狙いたいものですね。

（２００１年）

向日葵の花を咲かせる

いま、「ひまわり」の花が力いっぱいに咲いています。

「向日葵《ひまわり》」あるいは「日輪草」とも書きますが、文字通り太陽に向き合う元気な花です。私たちも、この花にあやかり仕事に立ち向かいたいと思います。そこで、今月は心理学者ジョゼフ・マーフィ博士の名言を紹介しておきます。博士は、能力をフルに発揮するための原則を次のように提言しています。

①絶対に恥ずかしがってはいけない　②言葉は肯定的にしなさい　③常に進行形で語る
④よい想像をする　⑤繰り返しなさい　⑥一人称で語りかけなさい

この6つの原則は、極めて大切なことです。そこで簡単に解説を加えておきます。

①「よいことをするのに、テレを捨てて取り組め」ということです。テレを捨て、ノリのよさでトライしてください。

②「よいことを思えばよいことが起き、悪いことを思えば悪いことが起こる」のですから、悲観的人生を望まないなら、何事も肯定的に考え、口にするようにしましょう。

③現在進行形で語るというのは、「…なりつつある」と考えることです。つまり、今はちょっと苦しい状態にあるが、間もなくこの状態から脱却していく。だから、今は成功の途中にいるという解釈で、自己に語りかけるには現在進行形が最適なわけです。
④よい想像をすることは、潜在意識に好ましいイメージをインプットすることです。肯定的に考えることと関連しますが、我々は想像ということで感情が支配されています。いつも前向きの姿勢を忘れてはいけないとマーフィ博士は強調しています。
⑤潜在意識に自分の願望を刻印するために繰り返すこと。これが大切です。繰り返していないと、気がつかないところで打ち消してしまう恐れがあるからです。我々の考えは年中変わっているのですから、大きな、熱烈的な願望があるなら、それを飽きずに何度も何度も繰り返す必要があるのです。
⑥一人称で語れというのもポイントです。一般的な願望では漠然としすぎていて、潜在意識が活用できません。人のために何かを願うときでも自分が頼む、自分が望むという形をとらなくてはいけません。あくまで主体はあなた個人なのです。
あなたの潜在意識に向日葵の花を咲かせましょう。健闘を期待します！（２００２年）

土用の丑は夏だけのものではない

「土用」という季節を表す言葉がありますが、多くの方が夏のことと錯覚しているようです。土用は年に4回あり、立春、立夏、立秋、立冬それぞれの前、約18日間を表します。「土」は、物を変化させる働きをもっており、春には種を芽吹かせ、これを夏にかけて成長させます。そして、秋には実りをというように変化の意味を持ち、「用」は作用を表すものです。

各季節が土用で変わり、新しい季節を迎えることになるので、この節目にいろいろな行事が催されます。なかでも夏の場合には、晴れ間に田の水を抜いて土用干しをしたり、丑の日には鰻を食べるなどして精をつけたりします。この印象が強いので、土用というと夏のことと思ってしまうのでしょう。この時季、心身ともにリフレッシュさせるために禊《みそぎ》の神事なども行われます。

京都の下鴨神社は、伊勢神宮より古い歴史のある神社ですが、「みたらし祭り」という行事が有名です。境内にある「みたらし池」に足をつけて、お祈りするところから

「足つけの神事」とも呼ばれています。この池の砂底からは、まるで命が噴き出すように水が湧き出ており、この水泡の形につくった団子が「みたらし団子」なのです。この団子のいわれなど気にせず食べている人が多いでしょうが、そのネーミングの背景などを知るとひと味違ってくるかもしれません。

参拝者は裸足になってこの池に入り（膝下くらいまでの深さ）灯明を献じて、次の季節への祈りを捧げます。池の水は冷たく、こめかみがキーンとしてくるほどで、なかには「氷が入れてあるんじゃないの？」と声をあげる人もいるくらいです。神様の水に足をつけながら、手には神様の火をもち、池の中を歩いてお参りする行事は、身が引き締まりながらも心躍る、まるで神遊びをしているような気分です。

「ここの神様は、火水（かみ）さまとも書くのです」というユーモアに富んだ説明も、なるほどと実感させられます。

京都の神社だけでなく、全国各地に土用の暑さをしのぎ、健康を守る行事があるでしょう。はなから馬鹿にしたり、無視したりしないで、その背景を知ってみるとおもしろいものがあります。ともあれ夏バテせず、土用を乗りきってください。（２００７年）

まぎれのないホウ・レン・ソウのために～言葉の二義性に注意する

「まだ、全員来ていません。」という報告を聞いたとき、あなたは次のどちらの受けとめ方をしますか？「ひとりも来ていない」のか、「来ている人もいるが、全員はそろっていない」のか。全体否定なのか、部分否定なのか、あいまいですね。アンケートをとってみたところ、50％対50％という結果が出たのは驚きでした。

この種のまぎらわしさを避ける心得は、全体否定には全称表現を否定する言葉を使わないことです。つまり、「全員」という言葉ではなく、「誰も」とか「ひとりも」とすれば、はっきりします。部分否定なら「来ている人は一部だけです」というようにいえば明快です。

このほかにも、読んでいてあいまいな文章が少なくありません。

「AはBより5倍大きい」といわれたら、あなたは次のどちらととりますか。

A＝5Bの意味か？　A＝B＋5Bの意味か？

これは他人事《ひとごと》ではありません。自分のレポートや、連絡の仕方のなかに、こんな過ち

次の言葉をどう理解したか？

	全否定と感じた人	部分否定と感じた人
忙しかったので 全部できなかった	10	90
難しくて 全部できなかった	35	65
まだ全員来ていない	50	50

を犯していないか見直しておきましょう。ではもう一例。

「Aさんは高校時代からの親友です」という表現もわかりにくいですね。
(a) AさんとBさんとの間柄は親友の関係にある（AとBの関係）。
(b) AさんとBさんは高校時代からの私の親友である（AとBとの間柄は不問）。
ホウ（報）レン（連）ソウ（相）の重要性は、今さらいうまでもなく、ビジネスの必須常識ですが、あいまいさ（二義性）のない表現をしてください。

ひとつの文を書いたら、読む人はこれをどうとるだろうかと検討する習慣を身につけてください。

では暑さにめげず、お互いの役割、目標達成にチャレンジしていきましょう。

（2008年）

業績の比較は平均値でなく最高値をもってする

今まで各企業の業績評価は同業の経営諸指標と対比して検討することが多かったものです。たとえば、従業員ひとり当たりの加工高が業界の平均値と比較して多いか少ないかというように、いわば平均値を標準指標にして、その優劣を論じてきた傾向にあります。

しかし、このように類似的な同業各社のデータだけでは、自社と似かよった指標でしかあり得ません。その結果「当社も世間並みなのだな」と安心するか、「うちだけではない。まだ悪いところもあるからね」と自分をなぐさめたりするのがオチです。しかし、これからは、もっと積極的に競争相手の企業だけでなく異業種の優良企業とさえも比較せよといわれます。規模の大小に関係なく国境を越えてでも、ベストとの比較、最高値を判断基準におかねば生き残れないといわれます。

また、このことは企業姿勢としてだけでなく事業所レベルはもちろん、班レベルから個人レベルにまで求められてきています。それぞれの立場で「ベストに学ぶこと」あるいは「ベストをライバル」としてチャレンジすることといえましょう。

ひとり当たりの加工高を事業所単位、あるいは班単位で比較したときに、いつもトップの数字と比較してみることです。あるいは生産性の伸び率で比較することもあるでしょう。そして、それらの差が出るのは「なぜか」の追求です。改善提案件数も、年間ひとり当たりの件数が、最高のものに比べてどれだけ差があるのか。

ここでシェイクスピアの箴言《しんげん》を挿入しておきましょう。彼の作品『ジュリアス・シーザー』の劇中において、登場人物に語らしめたセリフです。

「人間の眼は何かに映してでなければ自分を見ることができない」

この含蓄に富んだ言葉を「トップを鏡にすることで自分の姿が見えてくる」とぜひ受けとめてください。


（2010年）

燃えるカンナの花言葉は「自分への尊敬」

夏の花といえば、カンナが目に浮かびませんか。

松任谷由美が唄っている「カンナ8号線」の一節に、「カンナが燃える」というフレーズがありますが、まさにその通り。真っ赤な色や黄色を主体に、強い日ざしのなかで萎れもせずに咲き誇っています。その強さのイメージからでしょうか。花言葉も、「情熱」ひいては「尊敬」などの言葉がつけられています。

ところで「尊敬」といえば、先生や先輩に対するときの態度のように思われていますが、「そうではない。初めの一歩は自分への尊敬からはじめよ」とドイツの有名な哲学者ニーチェが提言しています。まだ何もしていない自分を、まだ実績のない自分を、人間として尊敬するのです。いろいろ考えさせられる言葉なので、少しアレンジして紹介しておきましょう。

初めの一歩は自分への尊敬から

自分はたいしたことがない人間だなんて思ってはならない。それは、自分の行動や考え方をがんじがらめに縛ってしまうようなことだからだ。そうではなく、最初に自分を尊敬することから始めよう。

自分を尊敬すれば、悪いことなんてできなくなる。人間として軽蔑されるような行為を、しなくなるものだ。そういうふうに生き方が変わって、理想に近い自分、他の人も、見ならいたくなるような人間になっていくことができる。それは自分の可能性を大きく開拓し、それをなしとげるにふさわしい力を与えることになる。自分の人生をまっとうするために、まずは自分を尊敬しよう。

●

確かにいわれてみると、その通りですね。自分を尊敬するなら、5S（P158参照）などの徹底も率先して取り組まねばなりません。「自分を尊敬している？」を、心の合言葉に、カンナの花のように暑さにめげずやり抜きましょう！

（2015年）

オバマ前米大統領の原稿について一考察

オバマ前米大統領が広島を訪れて、世界平和への期待をこめて演説されたことは記憶に新しいでしょう。この演説原稿はオバマさんが、自ら何度も書き直しされたそうで、新聞に紹介された手書きの原稿を見ると推敲《すいこう》の跡がうかがえます。いったん書いてから、線で消されたところなどを見ると、細かい言葉づかいまで気を配って手を入れられた様子に驚きます。

各新聞社が全文を英和対訳して掲載していましたが、その訳し方に、記者というか、新聞社のセンスやスタンスに大きな差を感じました。オバマさんの気配りを無にしてしまいかねない訳も見受けられました。

Why do we come to this place, to Hiroshima?　という一節が

A社は↓　なぜ、ここ広島を訪れるのか

B社は↓　なぜ、この広島に来るのか

といった調子で訳されていくのです。相手の国に敬意を表しての文章なら、訪れると

いう言葉づかいがよりふさわしいでしょう。A社の全文を読み進めると、オバマさんの平和への願い、心情が伝わってきました。こういったことは外交の場だけでなく、職場のコミュニケーションについても当てはまることだけに留意したいものです。

また、言葉づかいや行動の変化は、その人の精神状態によっても異なります。たとえば明るいタイプなのに、最近、無口な傾向を感じる、言葉づかいに張りがないように思えたら、これは何かの兆候です。こんなとき声をさりげなくかけてあげるのも気配りです。いいにくいことでもいい合える、悩みもざっくばらんに語り合える、これを支えるのも、友への心づかいや、ＴＰＯに応じた言葉づかいです。こんな切り口から職場のコミュニケーションをメンテナンスしましょう。

（２０１６年）

葉月　8月

99％の信頼度では生きていけない

昔のことわざに「一銭を笑うものは一銭に泣く」という言葉があります。これを現代ふうにいえば「1％をおろそかにするものは1％によって敗れる」ということになりましょう。99％の信頼度というと高い精度のように思えますが、そうではありません。

1％の影響度を換算してみると次のようになります。

郵便物でいえば2013年の年間引き受け数は223億6335万通ですから、一日平均6127万通。この1％は61万通となります。1時間あたり2万5000を超える紛失や誤配が起これば「とんでもない、あり得ない」と大トラブルとなるのは必至です。それでも99％の信頼度となるのです。

あるいは成田空港の離着陸の一日平均607便の1％といえば6便です。もし離着ミスが毎日5回連続で起これば「怖い」「もう飛行機に乗りたくない」となるでしょう。でも99％の安全度ということになりますね。同様に医薬医療の分野で手術ミスや処方ミスが1％もあればどんなことになるかを、自分の住んでいる地域の人口を思い浮かべながら想像してみるとよいでしょう。「1％しか」ではなく「1％も」という感覚を養うことが大切です。この感覚は小さなことに目を向け、小さな声を大切にすることにもつながります。

企業経営でいえば、売上に対する1％のコストダウン、あるいはコストアップが経常利益を大きく左右することは周知の事実です。このことは、声を大にして、絶えず意識づけしておかないと、ついついおろそかになりがちです。お互いの担当分野において、もう1％、もう1％と、収益性を追求していきましょう。

（2015年）

豆腐が人生のお師匠さん

知り合いと冷奴をいただきながら豆腐談義に花が咲きました。

「豆腐は、四角四面のように見えるけど、どうしてどうして、中身の柔らかさは申しぶんない。身を崩さぬだけの締まりもある。煮ても焼いてもよし、沸きたぎる油で揚げても、寒空に凍らしてもよい。それに相手を選ばない。丸ちり鍋、すき焼き、おでんにも一役買う。じつに融通がきく、無我の境地にいたっている。

それは重い石臼の下をくぐり、細かい袋の目を濾《こ》して、散々苦労したからである。ついでに追加させていただけば、はじめは冷水の中にドップリとつけられた上で、熱湯の中をくぐり抜ける。そのあと、石臼で自分という形を直され、にがりによってほどよい硬さにされる。いうなれば、人間修行以上の厳しい体験を積んだともいえ、だからこそ求められるままに対応できる」

ざっとこんな論旨で、〝豆腐師匠〟のところへ弟子入りをすすめられました。
私たちは往々にして自分にこだわり過ぎて鋳物になっていることがあります。鋳型にはめ込まれた鋳物と豆腐では大違い。柔軟性を豆腐に見ならいなさいということでしょう。比喩的な話ではありますが、暑さ、寒さをくぐり抜け、厳しい環境に立ち向かう心意気と受けとめ、日々の仕事に取り組んでください。

（２００２年）

100マイナス1は0

仕事というものはひとつ変えれば次々にいいほうに向かうことが多いものです。

たとえば、

1．倉庫の整理整頓を徹底すると棚卸が正確になり、滞留状況も明白になります。このことから、活用しようという意識が働き、過剰在庫やデッドストックが減っていくでしょう。不良在庫が減少すればコストも下がり利益が増えることになります。利益が増えれば賞与だってたくさんもらえるというわけです。これは典型的なドミノ効果といってよろしいでしょう。

あるいは、

2．治工具の改善工夫ができれば、仕事もやりやすくなり安全度も高まります。気持ちよく仕事ができるようになれば、生産性もアップして環境変化に耐えうる企業体質が構築されることになります。

このようにひとつの変革が多くの変革を呼び込んでいくことを知ると同時に試してみてください。あなたの担当する役割のなかから、まずひとつ、自分の目の前のものからはじめてみましょう。それができればふたつ目ができる。そしてふたつ目は、三つ目、四つ目、五つ目と可能性を広げていきます。ゼロはいくら重ねてもゼロですが、1は重ねると、いくらでも大きくなっていくのです。

ただし、この循環が逆になると怖いので注意しましょう。

「100マイナス1は0」という怖い計算式が成り立つことがあるのです。一般には「100マイナス1は99」と思いがちですが、ビジネスの場ではひとつのミスがすべてをゼロにしてしまうことが多いのです。オールオアナッシング、すなわち100でなければゼロになる可能性が強いものです。これは、製品の品質はもちろんのこと、現場管理、あるいはレポートの誤記などにいたるまで全てについていえることです。現在の経営環境は、ひとつのミスも許されない難しい局面にあります。しっかりと、気持ちを引き締めていきましょう。

（2008年）

ドミノゲームのように積極は積極を招く

私の知っている茶道の先生は、外国人にも教えていらっしゃるのですが、留意しているのは、否定的な言葉や消極的な表現をいっさい使わないことだそうです。

「抹茶は苦くて飲みにくいかもしれませんが」などといわないようにしています。それより「お菓子の甘さと対照的な苦味があっておいしいですよ」といいます。

「和敬清寂の精神は外国の方たちには理解するのが難しいかもしれませんが」などとも絶対にいいません。自分の頭のなかに否定的な考えがあったり、自分の心のなかに消極的な態度をもたないようにしています。

もちろん美に反する言葉や、字句は説明のためでも使わない。

「ひとつの汚れもないように」とはいわないで、ただ「念には念をいれてきれいに」という。美しい世界のイメージを描くためには、汚れという汚れを表す字を排除するところまで徹底するのです。消極的なニュアンスが少しでもあれば、それに対する反応も鈍くなりますが、肯定的な働きかけに対する反応は肯定的になります。肯定的な交流のやりとりの輪が広がっていき、初めて茶道文化の粋が伝わるのです。

消極は消極を招き、積極は積極を招きます。子供のしつけや教育でも当てはまるでしょう。悪いことをするなという否定的な態度ではなく、よいことをせよという肯定的な態度で臨み、もっている才能を引き出して伸ばす方向にもっていくのが教育でしょう。

●

この先生に「ビジネスもいっしょでしょう?」と語りかけられました。即座に「そうです。うちの社風もまったく同じです」といいきれなかったのを悔やんでいます。もう一度聞かれたら肯定的に返事ができるように、みなさんの後押しをお願いしておきます。

能力でもそうですね。マイナスの先入観をもってしまったら発展性はない。昔の諺に、「念力岩をも徹《とお》す」とありますが、確かにやる気になって一所懸命やれば、できないことはないというのが真理でしょう。これは「積極は積極を招くドミノゲーム」といえるかもしれません。来月末は上半期の中間決算月です。この一か月、積極的な取り組みで、目標達成を喜び合えるようにしてください。

（２０１０年）

怪我という言葉の本質

「怪我」という単語を、辞書で確認すると「あやまち、そそう」と説明されています。今、手許にある三省堂刊の『広辞林』では、加えて「過失」という言葉を用いて、怪我をすることを、過失で傷を受けることといった解釈が添えられています。

一般的に怪我をするというと、傷つくことと理解していますが、言葉の本質には、過失が前提になっているのです。確かに、決められた基準通りに作業をしていれば怪我をすることはありません。

もちろん、意識的に過ちを犯そうとする人はいないでしょう。むしろ、それどころか善意の行動が、過ちを引き起こすことが少なくありません。たとえば、見まわり中に、蒸気漏れに気づき、ねじ込みを強くしなければと考えるのは過ちではありません。それに気づかない人より、はるかにビジネス感度がよいといえましょう。問題は、増し締めを点検の一部と認識して、条件設定をせずに手を出してしまうことです。その過ちが、蒸気を浴びて熱傷災害となり怪我をしてしまうことになります。過ちを犯さないためには「見廻り点検」と「補修の区分」を明確に意識することが大切です。

この際、もう一度、各作業を洗い出し、点検と補修の区分けの明確化をはじめ、条件設定の再確認などを、オチのないように進めてください。

以前にも触れましたが、安全の問題は、事故の発生原因が個人の不注意によるものであっても、会社の責任が問われ取引停止になる可能性を招くこともあるのです。ひとりの怪我が、いわば全社員が大怪我をしたことと同じにもなりかねません。作業手順の誤認あるいは動作等々、慣れにおぼれず〝注意〟を二乗、三乗するくらいに意識してください。


（2012年）

独創の独は孤独の独

ノーベル賞に輝く日本人といえば、今や多くの方が、京都大学の山中伸弥教授を思い浮かべます。身体に関係する医学の研究テーマということもあるからでしょうか。

これに対して湯川秀樹先生といっても知らない人が増えたのに驚きます。同じく京都大学で、我が国初のノーベル賞を受賞されているのですが、研究のテーマが「中間子論」といった日常生活にほど遠い印象だからかもしれません。

でもエッセイや著書は、私たちの身近なことにも幅広く深い目配りがいき届き、50年近く経った今でも刺激を受ける内容です。なかでも天才論は私たちがイメージするものとは切り口が異なり考えさせられます。ニュートンが登場するのはわかりますが、石川啄木や、弘法大師を紹介され、その人たちの共通点などを比較して説明されています。

歌集『一握の砂』では「いのちなき砂のかなしさよ さらさらと握れば 指の間より落つ」というのがお好きとのこと。弘法大師については、イマジネーションが豊富で、どんどん湧き出ている。才能の使い方も多面的で十人くらいの人が送る一生をひとりでこなしている。好奇心が強く感受性豊かで吸収・創造のピッチが速いと激賞されます。

弘法大師は、京都の東寺という創建当時でいえば日本の首都に政府の肩入れによる東京帝国大学とでもいえるものの総長を務め、同時に私立総合大学も設立し運営されたのです。また、こういった教育の場だけでなく、さらには高野山に道場をつくり研究の場もつくるというように同時追求しにくいことを、ふたつも三つも、こなされている。これは、たしかに天才の技ですね。

ところで、湯川先生は天才にある共通性について、①繊細な感受性　②集中的な思考③持続的思考力　の３項目をあげ、徹底的に考え抜いていくと多少とりつかれた状態にまでなっていくと補足説明されています。

ちょっとした改善のアイデアなら、ブレーンストーミングもいいのだが、第一級の創造の発現には強い意志をもち、精神的孤高を守り、独自の沈思黙考に深くかかわっていないとできない。独創の「独」は孤独の「独」とつながっているとまでおっしゃっています。私たちも、皆と話し合うだけでなく、ときには、ひとりで自分がなすべきことを、じっくり考えてみることも大切でしょう。


（２０１３年）

夏休みの思い出～小学校の算数のほうが難しい

次のような問題を出されたら、連立方程式を立てて解けるでしょう。

問題　1個80円のみかんと、1個120円のりんごがあります。
みかんとりんごを合わせて16個買ったら、支払金額は1560円でした。
みかんとりんごを、それぞれ何個ずつ購入したのでしょうか？

皆さんは、みかんの個数をX、りんごの個数をYと抽象化して次式から算出します。

$80x + 120y = 1560 \quad x + y = 16$

高校時代を思い出して、みかんを9個りんごが7個という答えを出すのは簡単です。
でも、これを小学生相手に教えるとなると方程式は使えません。「方程式を使わずに」となった途端に、この問題を解いたり説明したりするのが難しくなります。

ちなみに算数では、次のように解いていくことになり、いわゆる「しんきくさい」でしょう。まず「全部みかんだったら」と考えます。16個×80円で1280円になり、支払総額の1560円に280円不足です。そこで、みかん1個とりんご1個を入れ替えてみると15×80＋1×120＝1320となり、1280円に、1個入れ替えると40円が増えますから、280÷40＝7　7個入れ替えるとよいことになります。こうして、みかん9個とりんご7個の答えにたどりつきます。もちろん、「全部りんごだったら」からはじめてもかまいません。

これはやさしい一例で、条件が増えると、XやYなど抽象化した変数を使わないと、答えを出すのに時間もかかり、その説明もしづらいのです。算数と数学を例に取りましたが、どんなことでも同じことで、やり始めは難しいと思われることも、覚えてこなせば、いかに効率的かがわかります。

ましてビジネスともなれば、自分の仕事のスキルをあげるために、少々難しいことにも、トライしたいものです。ハードルを高めることが自分を成長させますね。

今月のメッセージは、少し数学っぽくなりましたが、子供の頃を懐かしく思い出してみてください。夏休みの終わる8月末、宿題のやり残しを片づけるのに四苦八苦しませんでしたか。毎日の天気など、あわてて調べませんでしたか。暑い夏も、もうしばらくの辛抱です。夏風邪などひかないようにがんばってください。

（2016年）

秋の章

天高く馬肥ゆる秋などといいます。
高い青空のように理想も志もうんと高くもちたいものです。

長月　9月

月は夜毎に名前を変える～季節の話題を口にすると心の輻が広がる

お月見の季節を迎えようとしています。

月の文化はきわめて多様で、その一部は今でも日本人の生活の中に息づいています。もはや、月で兎が餅を搗いているなどと思う子供はいなくなったでしょうが、それでも月見団子を口にして、お茶を飲んだりしながら月を愛でる風習は残っています。

月初めの日を「ついたち」といいますが、これは「月立つ」の発音からきたもので、漢字では朔日《ついたち》。「朔」という字は「屰」＋「月」で屰は逆の字から辶をとったもの。月が逆さに1周して、初めの位置に戻ったことを示しているのです。月がこもり、見えなくなる最終日は「つごもり（晦日）」あるいは、「みそか」といい、とくに12月は大晦日というのは、ご存じの通りでしょう。

さて中秋の名月を十五夜の月と呼びますね。この満月の夜を境にして、一夜一夜、呼び名を変えていくのを覚えておきましょう。翌日は十六夜、「いざよい」と呼ぶのは、十五夜より、やや遅れて、ためらいがちに出てくるからです。古語で「いざよふ」とは、たゆたい、ためらうことからきたものです。

次の日は十七夜。これを立待月（たちまちづき）、3日目なら居待月（いまちづき）といいます。名月から1時間あまりも遅れてきますから、座ってゆっくり待たねばなりません、4日目になると臥して待つところから臥待月（ふしまちづき）。さらには更待月（ふけまちづき）。これは午後10時頃まで夜更かしして待つことになります。この夜以降は、まとめて二十三夜の月ということになっています。万一、十五夜がくもりで月が見えなくても、翌日なり翌々日でも、ちゃんと楽しめるようになっているわけです。

今月は、月の雑学に終始しましたが、月毎に季節の話題があるもので、知れば知るほど日本のよさがわかってきます。なかなか余裕がもてないビジネス戦線の毎日ですが、この季節くらいは美しい月を眺め、冴えた心で仕事に向き合ってください。（２００７年）

桔梗の花を科学的に見る

秋の七草について、その花々を思い出す要領を教えてもらいました。

おみなえし（女郎花）。すすき（薄あるいは芒）。ききょう（桔梗）。なでしこ（撫子）。ふじばかま（藤袴）。くず（葛）。はぎ（萩）。「お好きな服は」と覚えるとよいのです。

秋の七草のひとつ、桔梗についておもしろい話を聞きましたので、ご紹介しましょう。

桔梗は木へんの右側に吉と更がついた文字ですが、これを「更に吉」と受けとめ、吉事が変わらず続く、縁起のよい花とされています。花言葉に「変わらぬ愛」や「気品」が用いられる理由も、この辺にあるのかもしれません。

確かに、この花を活けると気品も生まれます。「きりきりしゃんとしてさく桔梗かな」の小林一茶の句も桔梗の凛々しい美しさをほめたたえたように、しゃきっと和服をきこなした佳人のイメージです。戦国時代には「吉凶」を占う花として神に捧げたと聞きますが、これは吉凶のルビ「きっきょう」を詰めて「ききょう」と発音したところに起因するとされています。でも科学的な眼で見ると、もっと別の理由もあると気づきます。

桔梗は「雌雄異熟」で、花のなかにある雌蕊《めしべ》と雄蕊《おしべ》の熟する時期をずらして、同じ花のなかでは受粉受精が起こらないようにしています。自分の花粉を自分の雌蕊につけて子孫を残すのは望ましくないという遺伝への配慮です。確かに花が咲いたばかりのときは見えませんが、雄蕊が先に成熟して花粉を放出し、雌蕊が成熟し受精可能になったときには、雄蕊には花粉がなくなっています。工学博士で理系作家の森博嗣さんが、『科学的とはどういう意味か』（幻冬舎新書）のなかで次のように定義されています。

「ごく簡単にいえば科学とは誰にでも再現できるものである。また、この誰にでも再現できるというステップを踏むシステムこそが科学的という意味だ」

この定義を、桔梗の観察についていえば、最初に気がついた人が皆に伝えて、他の人もその現象を確かめたとき、初めてその現象が科学的に認知されるわけです。桔梗の花の観察から雌雄異熟の特長に気づき「縁起がよい」の科学的根拠にいたるわけですね。

そうであれば、ビジネスの情報に気づいて行動に移そうとするときは、それこそ科学的な姿勢をもって周囲の誰もが確認、認知できるように取り組みたいものです。

（２０１１年）

違いがわかる大切さ

似ているようでまったく深さの違う言葉がありますね。

たとえば「磨く」と「拭く」では根本的に違います。花瓶でも、タンスでも、靴でも磨けば光りますが、拭くだけでは光りません。磨くということは同じところを何度もこすることによって光らせることです。

ビジネスでも同じことがいえるでしょう。基本的なことは何度も繰り返し読んだりトライしたりすることによって、初めて自分のものになります。ビジネスの場で、腕を「磨く」というでしょう。腕を「拭く」とはいいませんね。このような微妙な違いを明確にすることが、ビジネスの切れ味をシャープにするものです。

「コンビ」と「パートナー」についても大きな違いがあります。

コンビ（combination）とは単なる結合、組み合わせという意味で、本来、モノとモノの結びつきです。これに対してパートナー（partner）とは、お互いの意志や感情を共有する結びつきです。漫才をするふたりは、コンビとはいってもパートナーとはいいません。逆に夫婦はパートナーといってもコンビとはいわないでしょう。しかし、「夫は夫、私は私」では、夫婦でもふたりの間はパートナーとはいえません。戸籍上だけの夫婦です。

パートナーとは、喜びと悲しみを共有する関係です。苦楽をともにすることができるのは考え方のベース（価値観）が一致しているからです。価値観が違えば一方が喜びを感じても、相手は「何がそんなに嬉しいの？」ということになり、喜びは共有できません。この際、お互いにパートナー意識を確認したいものです。

（1998年）

「9」には完成の意味が含まれている

9月は事業年度の折り返し地点、中間決算の時期です。各人のおかれた立場、役割を再認識し目標達成に積み残しのないよう詰めをしてください。念のため、ここで「9」という数字の本質に、縁起のよさがあることを紹介しておきましょう。

日本では9という数字を「苦」のイメージで嫌う人が多いですが、プラスの意味も多いのです。数は1から10になり、次は11、12というように繰り返します。そこで10が数の頂点のように思うのですが、古代中国では、満つれば欠くるという哲学上から、それを極みとするのは好ましくないとされ「9」を満ちた数の極みとしたのです。9を最高の数と考え、天の数、そして天子の数として神聖視しています。

また、漢字の九に「集まる」とか「完成させる」という意味ももたせるようになっています。ひいては九が最高の徳を表す数として、最も丁重に客を迎えるときの礼は「九《く》献《こん》」するようになりました。これが、のちに日本の文化と同化して、九献は結婚式の三三九度の盃となったわけです。

9月9日を重陽の節句というのも、いいことが重なる日というところからきています。野球で9回にヒットが続いたあと、満塁ホームランを放って、大量得点をあげるようなものです。

では、この縁起にあやかり、好成績を収めるべく、全力をあげて取り組んでください。

（1999年）

愉快なことを見逃さない

世のなかにはいやなことは数多くありますし、不愉快なこともたくさん起こります。いちいち腹を立てていてはきりがありません。元ＮＨＫの永田清会長が次のようにうまく指摘されていました。

「私は不愉快そうな顔をしている人を見ると、次のように声をかけるのです。『おっ、○○くん、不愉快そうな顔をしているね。君、不愉快になるのはどうしてかわかるかい。それは愉快なことを見逃しているからだ』と」

「なるほど、そうだな」と思いました。自分が不愉快になるのは愉快なことを見逃しているんだ。不愉快なことにいらだたないで愉快なことを探せばいいのだと気づき、いい話だ、すごい話だなと感じました。

私たちは気のもち方ひとつで幸せにも不幸にもなるものです。そう考えると、これから先の自分のなかで、また互いの仕事で大切なことは、意欲をもちながら愉快な経験を蓄えていくことではないかなと感じたのです。

炎暑も遠ざかり、爽やかな行動の季節を迎えますが、お互いに愉快なことを皆で探す会社になっていきたいと思います。もちろん、目標達成も愉快なことの第一です。

（２００２年）

航跡の美しい仕事人

「ザ・ワーカー・オブ・ザ・ウェーク」という言葉を聞くことがあります。ワーカーは仕事人のこと。ウェークは航跡あるいは水脈《みお》の意味。湖面を船が走る、すると、船尾が泡立ち一本の白い線になり美しい波紋が広がります。

こんなところから余韻のある仕事人、味のある仕事師という意味になったもの。お互い、こんな洒落た称号で呼ばれるようになりたいものですね。

必要条件と思われることを列記しますので自己評価し、磨きをかけてください。

自己研鑽してほしい20

・職業に応じた美意識＝矜持があり、仕事の出来映えが美しい。
・ことが起きる前に手を打つ＝事故やクレームは忘れたころにくる。点検を怠らない。
・ちょっとやそっとでは真似のできない専門知識と技術＝得手をもっている。
・技術系でも文系センス、事務系でも理系センス＝異分野の学習ができている。
・いうべきことをいい切る＝きちんと叱り叱られる。

・本人が気づいていないところまで相手の気持ちを理解＝察知してアドバイスする。
・対話するとき腕組みをしないで傾聴＝聞く耳をもっている。
・無難な答えではなく最高の答えを出す＝なぜ、なぜを5回繰り返して本質を追求。
・人前で疲れた姿を見せない＝タフさに凄みが加わる。
・潔さを大切にする＝言い訳や弁解をしないで、挫折をバネにして立ち直ってみせる。
・注意、配慮、世話、面倒見などケアが行き届く＝尋常ならざる心配りができる。
・些細なことでも大きいことと同様＝及ぼす影響を見極め、丁寧に取り組む。
・知識を知恵化し、コツを伝授＝個人の経験を組織のなかに蓄積する。
・清廉潔白＝嘘をつかないで正々堂々と、しかも礼儀正しい振る舞いをする。
・品格ある姿勢＝清潔さが源泉。心身ともに爽やかに、自信をもって行動する。
・役に立つことだけでなく役立つと思えないことにも目を向ける余裕＝深い薀蓄《うんちく》。
・自分の言動が周囲に及ぼす影響を知る＝つねに細部にまで気をつけて行動している。
・粋と野暮の分別＝謙虚に「秘すれば花」を心得ている。
・潮流に流されない＝方向性が正しくブレがない。

（2007年）

いい仕事には「絶対美感」がある

「職人の世界では〝いい仕事ができる人が偉い〟と明快です」

こんな記事が目につきました。匠の心と技を各分野の人たちが語り合っている座談会です。考えさせられることが多かったので、その一部を要約紹介しておきます。

●

音楽家の発言：作曲家で匠といえば、バッハやモーツァルトです。バッハの音楽は数学に近く、ひとつでも音符をとると全部崩れてしまう「音の建築」です。また楽器でも、一本の心棒のサイズや位置が髪の毛一本ほどのズレで音がまるで違います。ちなみにバイオリンの場合、中は空洞ですが、表板と裏板をつなぐ心棒は「魂柱」と呼ばれています。いうなれば音の命ですから、魂の柱とはいいえて妙ですね。この柱の立て方の、ほんのわずかの違いが大きな差を生むのです。

刀鍛冶の発言：日本刀のことに詳しくない方でも、正宗とか新撰組の近藤勇がもっていたといわれる虎徹《こてつ》という名刀の名前は聞いたことがあるでしょう。こういった刀も、幅が髪の毛1本も違えば、刀の姿が緩んで見えるものです。いつか機会があれば名刀と、それほどでもない刀を2本並べてみてください。素人でも、いいものに目がぐいぐい吸い寄せられるでしょう。

茶道家の発言：お茶を点《た》てるときなど、道具の置く位置によって、印象が大きく異なります。畳の目（藺草《いぐさ》で編まれた1本分）ひとつ違うことで美感が狂います。「絶対音感」という言葉があるように、人間に共通する美意識があるような気がします。「絶対美感」とでもいうものかもしれません。

●

このように、ジャンルの異なる匠たちの発言ですが、共通するのは、ほんのわずかの違いに敏感で、それをこなすというか、取り組む姿勢でしょう。私たちも品質面はもちろんのこと、コスト意識など、自分の役割のなかで敏感な取り組みをしたいものです。それはビジネスの場における「絶対美感」と評価されるものです。

（２００９年）

「銹」という字をなんと読む

鮨屋さんでは大きな湯呑み茶碗に、魚へんの漢字がいろいろと書いてあるでしょう。「魚」に喜ぶの字を添えると鱚《きす》、刀をそえれば魛《たちうお》といった調子で、どれだけ読めるか競い合いがはじまります。

その湯呑を見ながら我々の仕事に関係のある金へんの字をいくつ知っているかという話になりました。パソコンでも150字は載っているとのことでした。そのとき話題にした漢字から5つほどあげますので、どれだけ読めるかチェックしてみてください。

①銑鉄　②銹　③錬　④鍱　⑤鑠

最初の字、「せんてつ」は読めないと困りますね。鉄鉱石を溶鉱炉で溶かして、還元してつくった鉄。鋳物にするものと、鉄鋼の原材料にする種類のものがあります。

次の銹は「しゅう」と読み、鉄などの表面が酸化して細く浮きあがる、さびのこと。

今では錆の字を使うことが多いのですが、昔は金属の澄みきった色を表現するのに銹の字を使っていたようです。だから、金へんに秀なのでしょう。

錬は精錬の「れん」で、金属を溶かし、不純物をより分けて良質にすること。私たちも、修練、鍛錬して自分を良質なものにしなければなりません。

続いて鑠ですが、これは「よう」と読み、鉄などを薄く引き伸ばし板状にしたもの。鑠は「しゃく」と読み、鉱石や、金属をごたまぜにして熱して溶かすこと。熱せられて、あかあかと輝くところから、元気な意味にも使われます。老いても元気な人のことを、矍鑠《かくしゃく》とした方などと表現します。若い者も負けてはおられません。

来月から下半期に入ります。季節も過ごしやすくなります。お互いに、鑠々として仕事に取り組んでいきましょう。

（２０１０年）

一粒の種に学ぶ生産性

今年も新米の時期が近づきました。春に稲の種をまくと、やがて芽を出しすくすくと成長し、一株の稲に育って秋にはお米が収穫できますね。春の種まきから秋の収穫までの約6か月で一粒の種は１６００の米粒になるのです。種が一株の稲に育つと、秋には約20本の穂が出ます。一本の穂には約80粒の米が実ります。だから一粒が１６００粒ほどに増えることになります。お金の表現でいえば、「1万円が6か月間で１６００万円になる」のと同じ倍率です。これは凄い増えようですね。

お茶碗一杯のご飯でお米が何粒かは、お茶碗の大きさや盛り具合で変わりますが、普通には「お茶碗一杯で米３０００粒」といわれます。つまり、たった2粒の種が、ほぼ茶碗一杯のご飯になるのです。

昔から、米一粒でも粗末にするなといわれて育った人もいるでしょう。これを知れば、なおさら粗末にはできなくなりましょう。この話をどうか忘れないでください。お家の方々と「こんなこと知っている?」と共有しましょう。同時に大切なことは、私たちの職場を見直しながら「小さなことのように見えながら、じつは大きなことにつながる」問題点など、洗い直すきっかけにしてほしいのです。

いよいよ事業年度も下半期に入ります。皆さんの目標必達を、お米の生産性に思いを馳せながら期待しています。

（２０１１年）

赤熱する色で焼入れの温度を探る

「温度計などがなかった昔は、鉄の赤熱する色で判断しました。鉄は熱せられて青から黒赤白と次第に変化していきます。温度計で計ってみると黒は400度、ポーッと赤くなりはじめたときは600度です。そして焼入れにちょうどいい色は、よく『秋の夕日が水平線から落ちるときの色』といわれます。温度計を見えないところにおいて、父に焼入れしてもらいましたところ、父が『今焼けや』といったときの温度は770度。誤差はいつも3〜5度以内でした。770度、それは鋼の組織が最も密になった頂点です。この瞬間に急冷するとその組織のまま固定できるのです。焼入れ温度が低いと切れ味が悪く、焼きすぎるともろくなります」

●

これは『むらの鍛冶屋』(平凡社刊)という本のなかに出てくる土佐の刃物工業組合・組合長の昔話です。このように計測器がなかった時代の職人は、すべて経験とカンに頼っていました。それにしても770度で誤差が3〜5度というのは精度が高いですね。

人間の感覚というのは、機械と比較しても遜色のないほどの精度ということができます。

人の能力を考える上では、非常に参考になる話ですが、現実には、今の時代に通用することではありません。このような、人によるカンやコツなどは正確さに欠けるということで、今はどの業種でも機器による測定が主になっています。それは、機器の開発と並行して、人々の客観的なデータに対する信頼感の面からでもあります。大量で標準的な仕事の場合には、機器による測定のほうが効果的です。しかし今日のように機器に対する全面的な信頼の背後には、人の感覚の衰えといったマイナス面があることも見落とすことはできません。

どんな仕事でも100%機器だけに依存することはできません。割合は非常に少なくても、人のカンとかコツのような感覚的なことが、未だに仕事の質を高めている部分も存在しているのです。これは経験を積んだ先輩方のなかに潜在する「暗黙知」と呼ばれるもの。数字で計測できないこうした技術を今のうちに洗い出し、重要度に応じて伝承を図らねばなりません。各職場のなすべきことの命題として取り組んでください。


（2012年）

得意の一瞬〜目標達成は生きがいに連鎖する

今年の夏、ある漁師さんのエピソードを聞きました。なかなかいい話なので紹介しておきましょう。小さな漁船に乗り続けて何十年も海で暮らした男の話です。

彼は自らに挑戦目標を課しました。それは一日漁に出て何十尾だかの鯛を一本釣りでとってやろうという課題です。その数を聞いて漁師仲間はぷっと吹き出したそうです。常識的な大漁を数倍も上回る数なのです。しかし何日も、いや、何月も、何年も、彼はそれを目標にして漁をしていました。そして、とうとうある日、幸運にも目標を達成することができたのです。

その日は最良の日だったでしょう。仲間を全部連れて、町のいちばん大きな料理屋に行き、へべれけに酔いつぶれるまで飲んだ。この日のために何年か前につくっておいた着物を着た。あんないい日はなかったね、と、その漁師さんはいったそうです。彼にとって目標達成の日は「得意の一瞬」だったのです。

この光景は目に見えるようですね。誰しも何か大きな目標に向かってチャレンジしていて、それが達成できたのなら、これに近いくらいの大騒ぎがしたくなるでしょう。どんな小さなことであっても、「ああ、これは俺がやったのだ」という瞬間は誰にでもあるでしょう。そのことの大小は問題ではありません。要するに、自分の立てた目標が達成できたときの喜びは格別です。それは仕事の目標であったり、資格取得へのチャレンジだったり、いろいろでしょうが、ともあれ達成の喜び＝得意の一瞬は生きがいにまで連鎖します。ときどき記念写真を見るように思い出して、ひとり笑いすることもあるでしょう。達成までの工夫や苦労も、それが大きければ大きいほど大きな喜びに転じるものです。

仕事の目標を達成して得意顔を見せてください。そんな笑顔の波に巻き込まれたいと願っています。

（２０１３年）

見・視・観と「みる」にもレベルがある〜問題を細分化して観てみよう

事業年度の折り返し点を迎えようとしています。取り組んでいる問題を見直してみるときともいえましょう。参考までに、問いかけのチェックリストを挙げておきますので自己点検をしてください。

・問題は何かわかっているつもりでも、あえて書き出してもう一度洗い直してみる。
・その問題は、いつまでに答えを出さねばならないのか。
・その問題を、問題視していない人がいるか。
・ほかにも、この問題にかかわりのある人がいるか。
・個々の関係者は、その問題をどのようにとらえているだろうか。
・問題を見誤ってはいないか。より根深い問題が隠れていないか。
・その問題は、どのようにして生じるのか段階を追って説明してみる。
・問題の受けとめ方、観察方法は適切か。別の解釈を与えることはできないか。

・問題が生じないケースはあるか、あるとしたら、その状況はどんなときか。
・今までに講じてみた対策で解決できなかったのはなぜか。
・新たな解決策が浮かんだとき、それは問題をどう解釈してのことなのか。

このチェックリストすべてを点検しないまでも、問題の見方、取り組み方の参考例として、ぜひ頭に留めてください。

さて月のきれいな季節ですが、「月をみる」と一口にいっても、漢字には、見、視、観などがあり、それぞれに意味が違います。「見」は目がものを見る働き。「視」は見の字の左側にしめすへんがついており、心から問題意識をもってみることを示します。「観」は法則を見出すとか、目に見えないものをみるという見方です。観月という言葉にこと寄せるならば、ものの見方は大きな問題でしょう。

では、しっかりとみていただくよう、お願いしておきます。


（２０１６年）

神無月 10月

味のある仕事

味覚の秋というように、秋は食事がおいしい季節ですが、味は4つの基本から成り立っています。「甘い」「塩辛い」「苦い」「酸っぱい」の4つの味のどれかとどれかが組み合わさってできているわけです。もっとも、この4つの味のうち、「甘さ」と「塩辛さ」の感じ方と「苦さ」「酸っぱさ」の感じ方には相当な開きがあります。

海水の水は、いつ舐《な》めても塩辛い。まさか「今日は、塩辛くないよ」などという人はいないでしょう。砂糖のよくきいたお汁粉にしても同じで、プリプリ腹を立てながら食べても、ゲラゲラ笑いながらかき込んでも、甘いことには、ほとんど変わりありません。ところが「苦さ」「酸っぱさ」は、体のコンディションや気分、調子によってひどく変わります。風邪をひいたときのタバコはやけに苦いとか、熱っぽいときは、酸っぱさの感じ方が鈍くなるとか、思い当たるフシがあるはずです。

　また、少々オーバーな甘い味、塩辛い味のために、気分が悪くなることは少ないけれど、「苦さ」「酸っぱさ」がすぎた場合、気分はひどく損なわれ不快になるものです。「苦々しい思い」「苦渋を舐める」「酸鼻の極み」。こういった、昔から使われている表現を見ても、味の「苦さ」「酸っぱさ」が、いかに心の動き、とくに不快感に強く結びついているかがわかろうというもの。

　我々人間は、未開の時代には、甘いから食べ、塩辛いから舐め、それによって体に必要な栄養をとっていたらしいのです。酸っぱいものは腐っているからと捨て、苦いものは毒があると敬遠していたわけですが、だんだん進化してくると、苦さのなかのよさ、酸っぱさのなかのよさがわかるようになってきたわけですね。

　味覚は体調の目付け役であり、進歩のバロメーターともいえるわけで、決してダテに備わった感覚ではないのです。仕事の味覚も養い、味のある仕事ができるようになってください。どうか、仕事の苦さにへこたれないで、こなしていってください。

（２００１年）

プロは不足を打開する

釣りに一家言をもっている方が、海釣りというのは一見人間と魚との戦いのようだが、それは大きな間違いで自分自身との戦いだと、次のようなおもしろい話をされたことがあります。

●

「釣れない。ウキがピクリとも動かない。こんなとき魚信がないからとあきらめて、竿を舟のなかに投げ出してしまったら、あとは絶対に釣れることはない。その後、潮の流れがいいほうへ変わってきても竿をあげていたのでは気づくこともできない。海底がダメだったら一メートル上を当たってみる。それでもダメだったらもっと上を探ってみる。というように、棚を探ったりハリスを取り替えたり餌や針を取り替えたりという工夫が絶対に必要だ。

また、今までの経験では、完全にすべての条件がよいという釣りをやったことは一度もない。天気がよいときは風が強い。天気も風もよいときには潮が悪い。潮もよい、全てがよいときには船の具合が悪いとか、漁師が風邪をひいたとか、いろんな状態がある。いずれにしても釣りの場合には、完璧な条件、満足すべき状態というのはまったくないといってもまず間違いない。

このように、欠ける条件の下で、あきらめずに工夫するという、自分自身に対するチャレンジが必要だということを、海釣りを通じて学ぶことができた」

●

いい話ですね。ビジネスでいえば、不況だから売れない、売れなくて当たり前、値の通らないのが当たり前などと思ってもらっては困ります。「釣れなければ釣れないほど、あきらめずに工夫を凝らす」という海釣りの哲学からすれば、環境が悪ければ悪いほど、あきらめずに努力を重ね、ファイトをもって取り組むことのできる人になってほしいものです。

プロの真髄は不足を打開するところに発揮されるものです。いよいよ秋本番、爽やかに胸を張ってトライしていきましょう。

（２００２年）

柵から出ないヒヨコ

その道のベテランといわれる人の仕事にじつは意外なムダがあり、本人がそのことにまったく気づかずにいる場合があります。くり返しのなかで、私たちは次第にミスのない確実な仕事ができるようになりますが、同時にそれはものの考え方をひとつの方向に導いていき、他の方法を考えなくなってしまうのです。

心理学でこれを「水路づけ」というそうです。水がいつも同じところを流れるように、似たような経験にぶつかったとき自動的に「あれだな」と思い込んでしまう。いったん思い込むと頭の働きは緊張を解いてしまい、他の可能性を考えようとしない。ベテランに問題が見えないのはこのためです。

慣れれば慣れるほどそこに安住しないで、一歩退いて見つめ直すだけの柔軟さと謙虚さをもち続けることが必要ですね。

こんな話があります。ヒヨコというのは、うしろが丸あきになっている柵の中で、柵の外の餌を目の前にしながら、まわり道して食べるということができないそうです。いつまでも柵の前で右往左往し続けるのです。もっと広い視点から見直すということをしなければ、私たちはいつまでも架空の枠にとじ込められたヒヨコになってしまいます。

この際、自分の仕事まわりを見直してみましょう。見直した上で、何かをプラスすべく考えたいものです。

（2003年）

信頼を相手に求める前に、信頼される自分になろう

組織が活性化するための必要な条件に「相互信頼」があげられます。

しかし、組織のなかに相互信頼を築きあげていくことは、生やさしいことではありません。人はよくこの命題を「信頼を相手に求める」ことにすり替えてしまうからです。そうでなくて「信頼される自分になる」ことを考えるべきでしょう。相手よりも自分、自分という一人ひとりから、相互信頼は育っていくものだと思います。

では、信頼される人になるためには、どのような行動基準が求められるのでしょうか。第一に相手の立場になってものを考えること。それに約束をきちんと守ること。加えて、いうことと行なうことを一致させること。そして結果をこまめに連絡することなどがあげられます。

最後の「まめな確認、連絡」は、コミュニケーション・ギャップを埋め、相互信頼のベースです。コミュニケーションに隠れているリスクのなかでも、いちばん怖いのは「思い込み」でしょう。相手に伝えたと思い込んでいることが、じつは伝わっていない

ということは少なくありませんから、気をつけたいところです。

「いった」「いわない」、「聞いた」「聞かない」というトラブルはよくあるパターンです。単に伝え忘れていることもあるでしょうし、伝え方が悪くて誤解や勘違いが生じることも多いものです。言葉でものごとを正確に伝達するのは案外難しいものです。言葉も信用しすぎてはいけないのです。ものごとを正確に伝えるには、タイミングが重要です。相手が仕事に集中しているときに話しかけても、きちんと伝わっていないことが多いもの。「うんうん」とうなずいているように見えても、じつは右から左に抜けているのです。それを相手に「いった」のは事実でも、「伝わった」とは限りません。ただの世間話ならかまいませんが、確実に伝達しなければいけない重要な話は、相手の精神状態にも配慮しながら、タイミングをみて伝えるべきです。さらに重要な用件は、口頭で伝えるだけでなく、メモで伝えるといったことも再確認してください。相手と親しい関係であればあるほど、「以心伝心でわかっているだろう」という思い込みが生じやすいだけに要注意です。最近、コミュニケーションの乱れが目についたので、ひと言メッセージしておきます。

（２００４年）

目に見えないところを見る

土蕪《つちかぶら》と題する小品を美術館で鑑賞する機会がありました。

ちょっと目には、土まみれの汚れた蕪《かぶ》に見えますが、じっくり見るといきいきした存在感に心惹かれるのです。考えてみるに、我々がいつも目にしている白いきれいな蕪は、土から掘り出されゴシゴシと毛根までも洗い落としたもの。本来は土の中で根を張り水分や養分を吸収し、いきいきしていたものでしょう。ちょうど水の中で泳ぎまわっていた魚を釣り上げ、鱗《うろこ》をそぎ落としたような状態に似ています。

水族館で泳いでいる魚は、ガラス越しに見ることができますが、土の中で生きている蕪は見ることができません。この画家の目は、目に見えないところを見て描いているようです。ですから、軽く見流せば、汚れた蕪としか思えないでしょうが、こんな視線で見ると、凄いインパクトを感じるのです。私たちは、つい表面的な現象に心や目を奪われがちですが、じっくり本質を見抜く姿勢を養いたいものです。

これは、絵画などの美術品鑑賞に限らず、仕事の取り組みについてもまったく同じです。眼力のある人は車のかすかな異常音でも聞き逃しません。そしてボンネットを開けて中身の点検を行います。あるいは、交差点などで死角になりやすいところも見落とさない。機械や諸設備はもちろんのことベルトまわりまで目配りして、安全に注意を払います。

こう考えると仕事のできる「目に見えないところを見る」ことのできる人は、芸術品の真贋《しんがん》などの目利きができる素地があるかも知れません。秋は各美術館で様々な催しが開かれます。お休みの日にちょっと覗いてみるなどしながら眼力を養うのも一興です。

では、爽やかな季節。お互いの腕をふるって目標達成にチャレンジしてください。

（２０００年）

能力を細分化して、自己評価してみる

このごろ「力」という字のついた言葉が氾濫しています。生命力などは昔からいわれていたものですから意味もわかりますが、なんでも力をつければよいような風潮です。その割には肝心の中身が見えてこないのが実情です。この際、ビジネスの場に求められる能力を細分化、列記しておきますので、自己評価してみてください。

理解力

・仕事の目標やどんな成果をあげるべきかがはっきり見えているか
・同じことを何度もミスすることはないか
・新しいことでも飲み込みが早いか

判断力

・常に採算意識、コスト意識をもって行動しているか
・優先順位を考えて結論が出せているか

創意工夫力

・問題意識が希薄ではないか
・提案をつくることが苦手ではないか
・意見を求められたとき、新しい考え方を示すことができるか

企画力

・問題を解決するための要素を含んだ提案をできているか
・目的、指示に合った現実的なプランを立てられるか

表現力

・口頭、あるいは電話での応対はスムーズか
・要領よくまとめ、報告することができるか

説得力

・自分の主張すべきところは主張し、筋を通すことができるか
・相手を説得するときは事実に基づいて説得に当たっているか

以上は一例ですが、自分の能力を漠然ととらえるのではなく、細分化して強みや弱みを知り、レベルアップと活用を図ってください。

（2008年）

テイストのいい人になろう～見えないものを見抜くために

サン・テグジュペリの『星の王子さま』（岩波書店刊）に登場するキツネが、「物事は、よく見えないってことさ。肝心なことは目に見えにくいのだよ」といっています。肝心な見えないものを〝見る〟には感性を磨き高めねばならないということでしょう。

また、ノーベル賞受賞の物理学者・江崎玲於奈先生は「これからの企業にはテイストのいい人が必要だ。テイストを直訳すれば味覚、味利きのできる人ですが、真理や真実、物ごとの本質を見透かす力をもった目利きのできる人と思ってください」というニュアンスのことをおっしゃっていました。江崎先生は不良品として使いものにならないトランジスタの検証から、ノーベル賞への理論を導きだされた方です。

このように目利きができる人になるためには感性を高めねばなりません。とはいえ、この感性を磨き高める即効性のある方法はないのです。ＩＴ時代の今、情報や知識は得られやすいのですが、感性のレベルアップは簡単にはいきません。あえていえば、まず基礎知識の充実に努め、機会あるごとに「なぜ、なぜ」と角度を変えて掘り下げ、阻害要因を取り除くことだと思います。

昔の箴言に「心ここにあらざれば、見れども見えず、聞けども聞こえず」とあります。この際、自分の仕事の進め方は、これでいいのかと意識して目や耳を働かせてください。

「重要なことは、正しい答えを見つける前に、正しい問いを探すこと」

「失敗の最たるものは、何ひとつそれを自覚しないことである」

「失敗は成功の母」などということがありますが、今の時代、ひとつの失敗が自分自身、あるいは会社の命取りになることが多いのです。目配りを十分に仕事を進めなければなりません。「失敗は……」のこの言葉が許されるのは未知なるもの、新しいものにトライしたとき想定外のことに遭遇して、少々足を滑らしたときでしょう。しかも、それを自覚しバネにして、レベルアップできる人だけに許されるのです。

「今日は昨日の続きであってはならない」「今日は未来の目標によって定められる」

そう考える人の前にこそ道が拓けて、目標が達成されるのです。

今年も残すところ2か月ほどになりました。年末まで、まさに直線コースです。今から、目標の未達成など積み残しのないように、各人の役割に詰めを願います。（2011年）

基本の「5S」、新しい「5S」

5Sとは、整理・整頓・清掃・清潔・躾をアルファベットの頭文字で表したものですね。

「整理」とは、必要なものと必要でないものを分けて、必要でないものは処分する。対象は物理的なものに限りません。たとえば、スペース、仕事、情報などいろいろな角度からの点検が望まれます。形を整えるだけでなく、必要なものは、すぐ取り出せるようにしておくことも前提です。

「整頓」とは必要なものの置き場を決めて表示することです。置き場を決めても守られない。自分で決めたことも忘れてしまうことがあるので表示が必要なのです。ここまでしないと整頓が行き届いているとはいえません。

「清掃」は身のまわりのものや職場のなかをきれいに掃除することですが、単に拭くというより磨くといった心意気でありたいものです。

「清潔」は心身ともにです。職場を衛生的に保つことは当然ですが、人への配慮にも清潔が求められます。人格や品行がよく、誰にも不快感を与えぬ清潔さが大切です。

「躾」は、職場のルールや規律を守ること。作業手順や、安全確認など、決めたことは必ず守ることが徹底されることです。

この際ですから、この5項目の遵守度などを再評価、再点検しておいてください。

また、この5Sをこれまでのものとは違う新しい項目でも表現できるようです。

まず「Simple（シンプル）」。作業手順の説明など一読してわかるような明快さが必要。

次は「Sharp（シャープ）」。これは仕事の本筋を見落とさないことですが、作業レポートについてもいえることで、問題点をきちんと把握していることでしょう。

「See（シー）」。漠然と見るのではなく、細かく観察する眼力を強くしましょう。

さらに「Share（シェア）」。共有すること。皆が「やろう」と心を合わせる。みんなを巻き込むといってもいいかもしれません。ノリの良さでもありますね。

結びに「Shot（ショット）」。よい狙い。狙いがはずれていたらすぐ修正して狙いを確かにせねばなりません。これを最初のSにしてもよいかも。

さまざまな5Sの組み方が考えられますね。各自アレンジしてください。（2014年）

他人の美点に気づく

秋の園遊会をはじめ、天皇皇后両陛下の行幸活動ニュースを拝見していると、いつも仲睦まじいおふたりの姿が印象的で、次の言葉が思い出されます。

「喜びは倍にして、悲しみは分け合って、同じ方向に向かって歩みましょう」

美智子さまにこんな内容のメッセージを添えてプロポーズなさったとのことです。まさにそのお言葉どおりに、結婚生活を送られている御姿に見えます。それに、折に触れての会話に「喜べることも才能」という意味のことをおっしゃったことがあるようです。確かに名言ですね。

仲間の誰かが難しい資格取得に挑戦して、合格の発表があったときなど、本人はもちろんのこと、いっしょに我がことのように喜ぶ。チームに5人の仲間がいるならば、喜びは5倍にもなるのです。これもよい才能と考えて磨きましょう。

才能といえば、曽野綾子さんが「他人の美点に気づき、ほめることも才能である」と提言されています。確かに他人の悪い点、欠点に気づくことは誰にでもできます。

でも美点を見つけるのは意識的に見るようにしないと、見落としがちになりますね。美点の発見はお世辞やおだてとは根本的に違うものです。お世辞は実態のないものに対して使う言葉ですから、いわれたほうは嬉しくもなんともありません。むしろ「この人は何の目的で近づいてきているのかな」と警戒心さえ抱きかねません。

しかし、美点を見つけてほめるということは、それほど簡単なことではありません。それを、きちんといえるためには常日頃から人を見る目を養っておく、いや研いでおくくらいでなければならないでしょう。

無関心であってはなりません。仕事はもちろん、生きるうえにおいても無関心というのがいちばん恐ろしいことです。美点の気づきも仲間に無関心ではありえません。よいコミュニケーションの原点ともいえるでしょう。技術的な才能について論じられることは多いですが、こんな目に見えない才能も身につけてほしいと思います。（２０１５年）

霜月　11月

平澤興・語録を読む

平澤興先生の語録を読む機会がありました。京都大学の医学部長や総長を歴任された先生を敬愛してやまない教え子たちが、語録を冊子にまとめたものです（『生きよう今日も喜んで』）。平易で含蓄があるので、皆さんにもその一部をお福分けしましょう。

●

「人の悪口しかいえぬ人は、成長能力のない人であり、また人の短所しか見えない人は、成長がとまった人である」

「情熱は年とは関係がない。

年をとっても、情熱は衰えるものではない。ただその燃え方は、若人と老練の人では違うのである。若人の燃え方は花火式で、煮ても焼いても、びくともしない強さと、耐久力に乏しい傾向がある。

老練の人の燃え方は、いわば奥殿にともるご燈明の如く静かではあるが、その明るさとねばりにおいては、絶対のものがある。

年をとってもなお花火をもっておるが、同時にご燈明も持っているのである。

人生にはご燈明の如き情熱がなければならない」

「希望をもって生きることの出来るのは、人間だけである。

希望の内容が人間の人格を創る」

「真面目さはよいが、常識的なものでは大物にはなれぬ。俗にいう真面目さ以上のより高い、愚かさという程の真面目さがなければならぬ。愚かさとは、深い知性と謙虚さである。人に窮屈さを与える真面目さでは、本物にはなれない」

（1998年）

狙いどころ

ちょっといい話を聞きました。

学生時代の友人に空手の有段者がいました。あるとき、彼が素手で瓦を割るのを見せてくれましたが、彼の突き出した拳で一撃のもとに瓦が割れたのを見て感心していたら、君もやってみろといいます。スポーツで鍛えた体に多少の自信はあったので、試しに、彼の拳の打ち方を真似して、力を込めて瓦を打ってみました。しかし、瓦はびくともせず、拳がしびれるように痛い。そのとき、彼の語った言葉が、今も記憶に刻まれています。

「君、それでは瓦は割れないよ。なぜなら、君は瓦の表面を狙って打っているからだ。もし瓦を割りたかったら、瓦の表面ではなく、表面のその先、数センチ奥を狙って打たなければダメだ。そのとき、瓦の表面での破壊力が最大になるのだよ」

彼の言葉に従って瓦がすぐ割れるようになったわけではない。しかしこの言葉はそれからの長い歩みのなかで、ときおり深い意味をもって思い起こされました。

●

私たちの仕事も、表面的なことを繕っておいてよしとせず、本質的なところを押さえなければなりません。この際、各人の役割の押さえどころ、狙いどころを再点検してください。

（２００３年）

山アラシのジレンマ

「ある冬の寒い日に、凍えた山アラシのカップルがお互いを温め合っていた。ところが彼らは、自分たちの棘でお互いを刺してしまうことに気がついた。そこで彼らは離れてみたが、今度は寒くなってしまった。何度もこんな試みを繰り返したあとに、ようやく山アラシたちは、お互いにそれほど傷つけ合わないですみ、しかもある程度温め合えるような距離を見つけだした」

●

この一節は『山アラシのジレンマ』（ダイヤモンド社刊）という本の書き出しの部分です。この寓話は、人間にとって居心地のよい親密さとはどういうものなのかを深く考えさせてくれますね。

どんなふうにしたらお互いに邪魔をしないで近づき合えるのか。どれだけの温かみを必要とするのか。どのようにしたら互いを傷つけずに一緒に暮らすことができるのか、これこそ山アラシのジレンマです。このジレンマが、ますますその度合いを強めています。昔に比べて個を主張することが強くなってきているからです。どうかすると「個」というより、自分勝手な「我」を通そうとする人が増えてきました。

著者のレオポルド・ベラックは、このあと各国のお国柄を説明しながら、ジレンマ対策法を紹介し、日本人の礼儀正しい生活様式が解決の糸口になると指摘しています。「もし、人々が自分の棘と他人の棘を、お互いに向け合うような危険にいつもさらされているとしたら、人々は他人を傷つけないように配慮する近づき方をたとえそれがあまりに礼儀正しすぎるやり方であっても、学ばねばならないからである」

彼は日本のマナーに学べともいっています。「親しきなかにも礼儀あり」の国民性などとほめられると、こそばゆいというより、それは昔のことですといいたくなります。

確かにべったりになりすぎず、それでいてよそよそしくない親密さは日本人の特質でした。この際、お互いのマナーについても恥ずかしくないように考え直したいものです。

余談になりますが、先日車を運転中、横断歩道で子供に道を譲り待っていると、渡り終えた子供たちが「ありがとう」と大きな声で元気に礼をいっていくのは爽やかでした。

来年まであと1か月と少しですが、爽やかに仕事をこなしてください。（２００４年）

背水の陣＝burn one's boats

かつて福田康夫総理大臣は組閣にあたって、自らを「背水の陣・内閣」と名づけ決意のほどを披露しました。ご存じの方も多いでしょうが、背水の陣は中国の故事によるものです。

漢と趙との戦いで、漢の名将・韓信が川を背にして陣を敷いた作戦です。当時、漢軍の兵士は寄せ集めばかりで、少しでも形勢が悪くなれば、すぐ後ろを向いて逃げ出しかねないような者たちだったのです。でも、この戦法なら逃げようがありません。兵士たちが退けば溺れるしかない捨て身の態勢です。趙の軍は兵法の常識を破り川を背にして陣をとった漢の軍を見て大笑いしたのですが、韓信の目論見どおり、漢軍の兵は決死の覚悟で戦い、見事に勝利を収めたのです。この故事から、失敗の許されない状況で、全力をあげてことにあたることを、「背水の陣を敷く」あるいは「背水の陣で臨む」というようになったものです。

英語では「burn one's boats」。船を焼くといういいまわし方で表現します。確かに、船を焼いたのでは後戻りはできません。政治や、戦い、ビジネスの場だけでなく人生のあらゆる場において、前進しようとするときに、ためらったり尻込みしていたりでは、いつまでたっても一歩も前に進むことはできません。前進しても、止まっても後退してもリスクがあることには変わりがありません。リスクの大きさは多少違うかもしれませんがリスクはリスクです。

ところがチャンスという観点から見ると、後退したのではまずそれは望めない。チャンスが多いときは前に進むときです。そのためにも背水の陣を敷くことです。自らを追い込んで逃げようにも逃げられないようにするのです。絶体絶命の立場では前に向かって全力を尽くす以外に道はありません。

たとえば周囲の人たちに、自分がこれからしようと思うことを公言してみるのです。公言した以上は実行せざるを得ない。公言しても実行しようとしない人は生来の嘘つきだから、これは問題外です。相手にせずにおきましょう。

今年も残すところわずかの日々になりました。あなたの目標達成に積み残しはないでしょうね。「必ず達成する」と公言、背水の陣で臨んでください。

（２００７年）

ティッピングポイントで劇的に変わる

自然の世界には、ある連続的な変化が一定のレベルに達すると、次のフェーズ（段階）へと転換してゆく現象があります。水の沸点などは、その典型的なものでしょう。この転換する境目は「閾値《いきち》」と呼ばれます。仮に閾値が10だったとすると、1から2、2から3………8から9とエネルギーを積み上げていっても、10に満たなければ、次のフェーズに転換することはできません。9から10への差1は、各段階の差1と同じであっても、9から10になった途端にブレイクするものです。

人間の社会でも同じで、働きかけや努力を積み上げていくときに、なかなか成果があがらずダメかなという想いがよぎりながらも、さらに一定段階まで積みあげていくと、突然ブレイクする、いわば効果が出てくることがあります。

この転換点を「ティッピングポイント（臨界点）」と呼んだりします。

以前は犯罪都市の代名詞とされたニューヨークで劇的に犯罪率が低下しました。地下鉄の落書きを徹底してクリーンにする、無賃乗車を徹底して取り締まるといった小さな努力を積み重ねた結果、ある段階でティッピングポイントに到達して、犯罪が急速に減少しはじめたのです。殺人事件は5年間で3分の1に減り、重犯罪も半減したと報じられました。

この閾値の存在は、科学的なものでは解明されつつありますが、人間的な行動の場合は見えないことが多いので、途中で投げ出す人が出てきます。

よく「いくら努力しても報われない」とこぼす人がいますが、これは閾値のすぐそばまで来ているにもかかわらず、そのことがわからないので手前で足踏みしてしまっているわけです。人がやらないこと、あるいは難しいことに挑戦して、成功する人と、成功にいたらない人との違いは、このあたりにあるようです。

今自分は、閾値の少し手前まで来ているのだと言い聞かせ、足を、もう一歩もう一歩と前に出していきましょう。今年も、あと1か月に迫りました。各人のなすべきことに積み残しのないように、最善の努力を重ねてください。

（２００９年）

コンピュータと人間の関係をメンテナンス

今、私たちはＩＴによって洪水のように押し寄せる情報の海に溺れそうです。また、この情報の海は私たちを先入観、既成概念、さらには偏見漬けにしそうです。

アインシュタインは「想像力は知識より重要である。知識には限界があるが、想像力は世界を包み込むことさえできるからである」といったそうですが、その通りだと思います。もちろん、これは「知識は不要である」などといっているのではありません。私たちが得るべき知識は、考える基礎となる土台です。インターネットで得られるようなことを、そのまま鵜呑《うの》みするだけではなんの役にも立たないでしょう。

それに、どこかで人間と機械の主従関係を逆転させているようです。

ある方が九州の空港の出発ロビー内にあるお寿司屋さんのことを話してくれました。かつて、このお寿司屋さんの壁時計は必ず5分進ませてあったそうです。客がもう少し大丈夫だろうと、ギリギリまで酒を飲んだりして、飛行機に乗り遅れないようにという店側の配慮だったのですが、最近この時計が「正確」になってしまったのです。そのわけを聞くと、空港のリニューアルに伴い、時計も電波時計になり、いくら5分進めても、時計のほうで勝手に正確な時間に戻ってしまうとのこと。戻らないように解除する方法もあるかも知れませんが、細かいことはわからないので、今までやってきた心づかいはできなくなったと語られたそうです。

落語以上におもしろい話ですが、どこか哀しさもよぎるエピソードですね。

これを笑いごとで済まさず、自分の職場まわりを見直しておきましょう。機械だけでなく、ソフトを含め、人間との主従関係をメンテナンスできるか、可能性を吟味します。ソフトがこうなっているからできないではなく、必要とするものをどうすれば取り出せるか、ソフトの方を従わせるべきこともあるでしょう。

さて、今年も1か月になりました。有終の美を飾るべく、自分の役割をしっかり果たせるように取り組んでください。

（2010年）

「創造」をテーマにした数え歌

先日、ある先輩と食事をしていたとき、別室から若い歌声が聞こえてきました。

その先輩が「唄も時代とともに変化していくものだね。私の若いころは宴会になると数え歌などを歌ったものですよ」とおっしゃるので、どんな歌詞ですかとお聞きし、なかなかおもしろかったのでメモをとりました。ほとんど歌われなくなりましたが、昔は宴会などで付きもののようにして進行を盛り上げていたようです。「創造」をテーマにした替え歌になっていました。少しアレンジして紹介しておきますが、なんでしたら自分の職場、仕事にふさわしいように再加工してみるのもよいでしょう。

一つとせ、人真似するだけでは前には行けぬ、苦労して出せ出せ新工夫、新機軸。
二つとせ、ふたりの意見がまとまらなけりゃ、三角座標で丸くなる、収めよう。
三つとせ、見方ひとつで大違い、四角いものでも丸くなる、変えてみよう。
四つとせ、四角四面に割りきれば、出てくるものは汗ばかり、知恵出そう。

五つとせ、石橋たたけというけれど、たたいて壊すバカもいる、渡ろうよ。
六つとせ　むだなアイデア粗末にするな、ひっくり返せば大当たり、大ヒット。
七つとせ、なくて七くせ、個性を活かしゃ、ビリもトップに早変わり、素敵だよ。
八つとせ、ばかにしていたアイデアも、うまくまわせば助け舟、いきてくる。
九つとせ、キューキュー締められ弱音はくな、苦しいときこそ知恵がわく、もう一歩。
十とせ、とうとう出ましたアイデアは、未来を拓く、頭から、手足から。

無精者をさして、「横のものを縦にもしない人」などといいますね。精を出して固い頭脳を柔らかくするために、縦横や上下や、あれこれやっていると、自ずから柔軟な発想が得られるようになるものです。それこそ「縦横無尽」の発想です。

今年も余すところ一か月になりました。年内になすべきことで積み残しはありませんか。積み残しのままでは、さわやかな気分では正月が迎えられません。段取りをよく考え、こなしていってください。

（２０１３年）

専門性　人間性　一貫性とは「凄くて　素敵で　ブレない」

日常会話のなかに、専門性とか人間性というように「○○性」という言葉づかいがありますね。一見わかりやすい言葉のようですが、「具体的には、どんなこと？」と問われると、説明しにくいものもあるでしょう。そこで、定義づけるというか、こう考えてみたらどうか、とまとめてみました。

「専門性」とは、仕事の経験が豊かなので思わぬ事態にも適切な処置がとれる。だから、この人のアドバイスには納得できるというように理解したらどうでしょうか。病院にいって医師から「しばらく、お酒は控えたほうがいい。この薬を2週間ほど飲んでみてくださいといわれると素直にうなずくのは医師の専門性を認めているからです。同じことを家族にいわれても、なかなか素直にうなずけないのは、専門性を認めていないからです。

「人間性」とは、素敵な人といってもよいでしょう。こんな人が自分のことを認めてくれたりすると、相手に好意をもつようになり、この人からの依頼や指示にはすぐに応じようとするでしょう。素敵だなと思えるかどうかは影響力にも作用します。

「一貫性」とは、いつ、いかなるときもブレないこと。明確な判断基準をもち、自らの言動もそれと一致していること。

「専門性、人間性、一貫性」を普通の言葉で、わかりやすく要約して表現すると、ずばり、「凄くて、素敵で、ブレない」となります。

簡単なようですが、三拍子揃えるには、まだまだ自己研鑽が求められるところでしょう。私も努力しなければと自戒。皆さんもそれぞれの立場で目標にしてください。

（2016年）

冬の章

走り続けるだけでなく、ときには沈思黙考も大事。
謙虚と感謝を忘れない。

師走　12月

夜明けが近くなる

今年も残り少なくなってきました。俳人・井沢正江さんの句に「数え日のひと日ひと日をそばだてる」とありますが、確かに、そばだつ感触を受けるものです。どうかひと日ひと日を取りこぼしのないようにお願いします。

この他、年末に向けてドキッとさせられる句があるので紹介しておきます。

「行く年や壁に恥たる覚書」

宝井其角という方の句ですが、耳が痛いという人はいないでしょうね。今からでも遅くない、心の壁に刻んだ目標＝覚書をクリアしてください。さて12月22日は「冬至」で、一年で夜がいちばん長い日です。この日を境にして、だんだんと夜明けが早くなっていきます。ビジネス環境も、お互いの力で、夜明けを早めたいものです。

冬至の日には、全国的にかぼちゃ、別名「なんきん」を食べる風習がありますが、京都の古い家では「ん」がふたつつく食べ物を7つ食べることになっています。れんこん、かんてん、ぎんなん、にんじん、なんきん、ぽんかん、きんかんです。この7つを和えものなどにするわけですが、ビタミンのバランスもよいという科学的な理由に、「ん」が「運」に通じるとする縁起かつぎもあるようです。

我々も、7つの運にあやかりたいものです。

ともあれ、あと少し悔いの残らぬよう仕事の詰めをしてください。詰めは粘りによってなされるものです。無理だと考えられていることも、粘りに粘ってやり抜くことです。こうして目標を達成させた自負と自信が、人格全体を強く粘りのあるものに変えていきます。そして、この粘り強さがさらなる成功へと導くものだと思います。一緒にがんばりましょう!

（1999年）

1年前の自分とどれだけ変わりましたか～変化度イコール成長度

今年は経営環境が激変した年でした。あとわずかの日々で終わりを告げようとしていますが、この際、自分自身についても、その変化度を自己評価してください。

「1年前の自分と比べてどれだけ変わったか」と自問自答してください。

自分の腕前は？　考え方は？　など、変化度イコール成長度と受けとめて点検してください。世の中はすごいスピードで変化していますね。1か月も新聞やテレビを見ていないと、それこそ浦島太郎のように時代から取り残されてしまいます。

会社の経営とは「環境変化に適応する努力」とさえいわれるくらいです。扱い商品が変わる、つくり方が変わる、売り方が変わる。組織が変わる。これらについていけなければ、脱落です。しかもついていくだけでは現状維持が精一杯です。望ましいのは自ら変化を提案し、創り出していくことです。

「お金を落とせば音で気づくが、時間を落としても誰も気づかない」

「朝目覚める。すると、あなたの財布には、まっさらな24時間が詰まっている」

「あらゆる資源のうち、時間こそ最も希少で、かつ最も失いやすい」

「時間は消費するものではなく、蓄積するというスタンスがいい」

「時間は、お金に形を変え、貯金という蓄積になる」あるいは
「時間は技術の蓄積、信用の蓄積、教養の蓄積となり生きがいに接続する」


そもそも若さとは柔軟性であり変化適応性です。自分の中身は外見とは反比例させ、ますます若返らせるくらいの意気込みで、1年を締めくくりましょう。そして新しい時間、新しい時代を切り拓いていってください。

（2001年）

わからないことがあれば、わかっている人に教えを乞う

この数か月、安全の問題や、技術の伝承についてメッセージを続けてきました。このうち技術の伝承については、主として先輩から後輩へといった「垂直方向」の流れに沿った説明が多かったと思います。それは先輩の長年の経験による技術レベルが高度なので、どうしても上から下にといった方向が一般的だったからです。

しかし最近はコンピュータなどの出現で、年配者だけが技術を所有しているとは限らなくなってきました。テーマによっては、入社数年目の若手社員から教わる情景もありうるようになってきました。

技術伝承の本質をおさらいすると、「仕事を上手にこなすベテランの技術や経験を、皆で真似（共有化）しよう」ということですが、以前は「ベテラン＝年配者」という図式でした。しかしベテランの定義を「仕事ができる人」と考えるならば、コンピュータに詳しければ、若手社員であってもベテラン並みの評価をしても不思議ではありません。こういう発想になれば、技術の伝承経路は上から下への垂直方向だけでなく、３６０度

全方位と考えても不適切ではありません。全ての人が技術の所有者でもあり受容者でもあるということになります。

この際、各人のもてる得意な技術を、棚卸しするつもりで見つめ直し、これは、ぜひ今のうち皆に伝えておこうとリストアップしてほしいものです。そのリストに優先順位をつけ、マニュアル化、あるいは伝達講習の場を考えるなどしてほしいと思います。とくに、わからないことがあったら、自分で抱え込んで悩んだり、あやふやな判断で手を下し事故を起こしたりしないように、「わからないことがあったら、周囲の人たちに教えを乞う、あるいは助けを頼む」ということこそ、技術の伝承、受容のいちばんの基本だと理解してもよいでしょう。

さて1年は長いようで短いもの、今年も余すところ約1か月となりました。公私ともになすべきことに積み残しのないように、しっかり詰めをするようにお願いしておきます。

（2012年）

弁明との違いを明確に。反省を成長の糧にする

今年も余すところわずかの日々で、年の峠にさしかかります。

この1年を省みながら新しい年への抱負をあたためましょう。「反省」は最高の「智恵の習得法」とさえいわれるほど意味のあることです。ただ注意したいのは、この反省と似て非なる言葉です。「弁明」と「弁済」ですが、私たちは、しばしば、この3つの言葉を混同して使ってしまいます。

たとえば、何か失敗したときに「申し訳ないです」と謝罪し理由や措置を説明しますが、ここまででは弁明や、弁済にしか過ぎません。失敗の原因をしっかりつかみ、二度とこんなことを犯さない歯止めの対策が用意できてこそ真の反省です。

「反省が抽象的な人間は成長できない」ともいわれますが、これも留意すべきことですね。うまくいかなかった原因を「コミュニケーション不足でした」とか「管理が甘かった」からなどという抽象的な言葉で終わらせていては、同じことを繰り返しかねません。反省の視点を明確にし問題の本質に迫ってこそ、反省が成長につながります。「視点」

に関するクイズを紹介しておきます。笑いながら読んで、反省の一助にしてください。

メキシコとの国境から毎日ひとりの少年が自転車に砂袋を積んでアメリカに越境してくる。国境の役人が怪しんで毎日自転車の砂袋を開けるが何も出てこない。いったいこの少年は、何を密輸していたのか。これは、アメリカの人気テレビドラマでもおなじみのペリー・メイスンが、劇中で秘書のデラに出題したクイズのひとつです。「メキシコ」「砂袋」「密輸」とくれば、答えは、おのずと「砂金」ということになりましょう。こういった視点から解を探せば、そうならざるを得ません。余分な情報が私達を正解から遠ざけます。正解を知って省みると、目のつけどころが違っていたことに気がつきます。

少年が密輸していたのは、砂袋の中身ではなく、じつは「自転車」そのものだったのです。これはクイズというより笑い話かもしれません。でも、「反省の視点」という観点からすれば、考えさせられる問題ではあります。

では真の反省を来年の糧に、佳き年を迎えられますように祈念しています。

（２０１５年）

海老の縁起は「脱皮」がルーツ

皆さんのご家庭では、お正月に黒豆や数の子、ごまめなどを召し上がるでしょう。参考までに、そのルーツを紹介しておきましょう。

まず黒豆ですが、黒という色は昔から魔除けの色として尊重されています。それに黒豆のなかに節のたくさんある、蚕に似たチョロギを混ぜることがあります。チョロギは朝露葱と書きますが、千代老木などの字を当てることも多く、まさに正月の縁起物の代表メンバーのひとつでしょう。チョロギは、その形が米俵をイメージすることから重用されているといってよいでしょう。また、語呂合わせですが、豆は、まめに暮らせるようにとの願いもこめられているわけです。

数の子は鰊《にしん》の子です。鰊とは春告魚とも書き、春に先立って訪れる春の使者です。鰊はまた「かど」ともいわれ、かどの子がなまって数の子になったもの。現代のように少子化傾向ではなく、子孫の繁栄にかけて数の多いことは縁起がよいとされ、おせちのなかに入っています。

ごまめは、煮干しを炒って甘辛く煮詰めたものです。昔、天皇家の財政が窮乏したとき、献立表に尾頭つきとあるので、値段の安いごまめを食卓に飾ったことから祝い膳に加えられるようになったといわれています。ごまめは「田作り」ともいわれ、田植えの際に肥料にしたところ米が5万俵も取れたので、元来の「鱓《ごまめ》」を「五万米（ごまめ）」と書くようになったもの。その年の豊年を祈る意味がこめられています。

海老は脱皮して成長するので、それを生命の更新と考えて、祝いごとには欠かせないものとなっています。

その他の材料にも、それぞれの意味合いが込められています。ともあれ、皆さんも、来年こそ大きく脱皮して、ビジネス戦線を勝ち抜いてもらうよう心から祈念するものです。

（1999年）

ここからは干支に関するちょっと使えるいい話をご紹介します。

「子」のルーツには「成長」がある

「子」は子供がぐんぐん伸びる姿を表す象形文字がルーツです。ですから、その語意には「成長」の二文字が含まれているといってよいでしょう。干支にあやかり再成長を図る年にしたいものです。

それに「子」にちなんだ字にもよい意味のものが多いのです。

「學」は略され「学」の字を使うようになりましたが、先生や先輩が弟子に知恵を授けたり、授けられたりする交流の場を示す象形からできた文字です。お互いに一から学び直すつもりで、基本を総点検し、なすべき手順に怠りのないようにしましょう。「ついつい」が大きなミスや事故を招きます。

「存」は存在証明、アイデンティティの確立を示唆すると受けとめてください。際立つものが存在感を示します。各々の担当職務に「際立つ」まで磨きをかけてください。

「好」の字は好感度や好判断、とくに仕事を楽しむ人の好きの境地を表す字ととらえてください。

「孵」の字は、左に卵がついており、孵化《ふか》するというような使い方をしますね。アイデアを形にして、提案し実現させるのは、まさに孵化そのものです。来年は提案をいっぱい孵化させましょう。

このほか、季節の「季」もいい字です。このように、文字から見るだけでも楽しくなりそうな年ですが、「ね」の発音から考えてみても、やらねばならないことが、たくさん出てきます。次の言葉は私からのメッセージです。

「来年の干支の『ね』は〝根〟に通じると思います。樹が豊かに育つためには、大きな根が張らねばなりません。根ざすという言葉がありますが、深く根ざした信頼関係を基盤に、全社員一人ひとりが、性根を入れて根性ある行動を決意してほしいです！」

いよいよ年の峠が近づいてきました。

この1年の、皆様の努力に感謝の意を表しますとともに、佳い年を迎えられるよう心から祈念いたします。

（1995年）

「丑」のルーツは「関係性の強化」

辞書で「丑」の語源を調べてみますと、この字は、つかむという意味で、杻《ちゅう》の原字とあります。

手の先を曲げてつかむ形を描いた象形文字で、糸を添えると紐《ひも》になります。この紐や、締め金具の鈕《ちゅう》等のように、しっかりつかむ、結ぶことを表しています。私たちビジネスに携わるものにとっては、関係性の強化を示唆するものと受けとめられます。大きな環境変化のなかで、生き抜き勝ち残るためには、取引先との間に、固い絆が結ばれなければなりません。このことは従来からもいわれ続けられてきたことですが、来年はとくに意識しなければならない命題でしょう。もちろん、各職場の人間関係も絆を固め志気を高めて目標達成に挑みたいものです。

このことは干支の動物、牛を英語のCOWで考えても同様のように思えます。

Cはまさしく、communication（コミュニケーション）の頭文字。取引先との絆を強化するためには、品質、納期、優れたものづくりに加えて、高い安全性を誇る作業体制。

抜きん出た、まさにOnly one（オンリーワン）の仕組みを磨きあげたいものです。これができてこそWin＝勝利の女神が微笑むでしょう。

また、この牛に関連した含蓄ある文字が多いのに驚きます。牛の字を三つ重ねた「犇《ぽん》」は強い力を合わせて走りまわる意味。サービスに奔走するというときの奔の字は犇が原点です。「特」は、牛と寺から成り立っていますが、寺は、山と組み合わせると、対峙の峙となるように際立つ、目立つという意味が語源だけに、牛の角と合わせ、ひときわ目立つ、とりわけという意味で、特の字ができたのです。

あまり理屈っぽくなってはいけませんが、牛年には、特技をもって、特色のあるアイデアの提案で、お客様の心を惹きつけたいものです。その他、特許など知的な資産の蓄積等々、「特」にかかわるテーマが待っています。お正月の初夢に、こんな心意気での取り組みを夢みてほしいものです。

この1年、ご苦労様でした。では佳い年をお迎えください。

（2008年）

「寅（虎）」の子渡し

「虎」にちなんだ逸話「虎の子渡し」を頭の体操で紹介しておきましょう。

虎は三匹の子供がいると、一匹は必ず獰猛で、子虎だけにすると、その獰猛な子虎が、他の子虎に咬みつき、どうかすると食べてしまうのだそうです。だから母虎が三匹を連れて大河を渡るときには工夫しなければなりません。一匹しか連れて渡れない大河とすると、どんな手順で渡るのでしょうか？

賢い母の虎は、やることが違います。まず獰猛な子虎を連れて渡り、次にもう一匹を迎えにいきます。しかしそのあと一緒に置いておかず、獰猛な子虎を、もう一度、河を渡り元に戻します。そこに待たせて、残りの子虎を先に渡します。おとなしい子虎は、二匹置いておいても大丈夫。母虎は、もう一度河をわたり獰猛な子虎を迎えにいくという手順です。河を2往復半ではなく、3往復半をかけて渡るのです。寺院には、この逸話をイメージした枯山水の庭が多いので、あなたの住んでいる、近くのお寺にもあるかもしれませんね。京都では南禅寺・小堀遠州の作庭が有名です。尚、この寺の襖《ふすま》絵には、狩野探幽という画家によって描かれた「虎の間」があり、群虎が、虎視眈々と睨みを利かせています。動物園で見る虎より迫力があるのは、これこそ「絵の力」ということなのでしょうか。

どんな場面に臨んでも、ひるまず立ち向かう強い姿勢。ひとことでいえば「気概」を感じさせます。ちなみに「気概」という言葉を辞書で確かめますと「苦しみにあってもくじけない強い意気と節操」であると説明されています。

一気、本気、血気、才気、人気、勇気、勝気、根気、そして気力とは心の活気です。私たちも、干支の虎にあやかり、気力、気概を持って、虎視眈々と、目配りを十分に利かせ、トライしていきたいものです。

また、虎に関する箴言に「虎は千里を走り、実りをもって、千里を帰る」ともあります。千里を走るだけでなく、ちゃんと成果をあげて帰るのですね。この縁起をかついで、昔は新しい財布は「寅」の日から使いはじめるのがよいとされていたようです。我々も、あと残された日々に、仕事の詰めをして、来年に期待したいと思います。

（２００９年）

「卯（兎）」は駆け上がり、抜きんでる

「兎」の字を辞書で見るには、儿（にんにょう）のところを開けてください。この「儿」は上に何かが乗って成立する字で、飛び出たとか抜きんでるという意味が共通しています。

たとえば「元」、元日、元旦というように、けじめ、先端ですね。先端といえば「先」の字は「儿」の項における代表選手です。前方を照らす「光」もそうですし、「免」もしかりです。免は、レベル以上に抜きんでたことで免許が得られるわけです。兎も「兎の上り坂」という表現があるほど、駆け上がる速さが得意芸でスピーディな動きを見せます。

また兎は英語でラビット（rabbit）、この頭文字に因んで考えてみても、今年に求められる心意気が示唆されます。最初のRはランニング、トップランナーとして、テープを切る勢いをもてということでしょう。そういえば、干支の文字「卯」の意味にも「門を開ける」や「発芽」あるいは「抜きんでる」という意味があるといわれています。

次のAはエース。第一人者として担当するポジションにおいて、「あの人に任しておけば安心、間違いがない」といわれる花形としての存在です。

Bはベター・イズ・ベター・ザン・ベストという言葉、直訳すれば「よりよいということは、ベストより、よりよい」。少しでもよいと思われることがあれば、すぐ取りかかりましょう。改善の積み重ねは改革として結晶します。

Iはイフ（もし）、それも未来形のイフと受けとめましょう。もしあの時こうしておけばよかったのにというような過去形のイフではいけません。もしこうしたら、もっとよくなるのでは、といった提言と実行です。

Tはタイム、いうまでもなくタイム・イズ・マネー、時間意識、時間管理、ひいては時間の生産性を高めねばなりません。ともあれ、こういった示唆をしかと受けとめ、これからのビジネス行動を展開していきましょう。

この1年間ご苦労さまでした。では来年の構想など練りながら佳い年を迎えてください。

（2010年）

「辰」がもたらす縁起

干支「辰」には「ふるい立つ」という縁起のよい意味があります。今年は、難しい問題が山積された年でした。来年こそは心機一転して解決にあたるとともに新しいテーマを立ち上げ、こなしていきたいと願うものです。

また、辰の刻といえば午前8時のこと。辰の字に「日」を乗せた「晨」は「しん」と読み「太陽が、燦々と昇る朝」のことです。「さあ、やろう！」と気力をみなぎらせ、ビジネスチャンスをつかむ姿勢に、ふさわしい干支といえましょう。

動物ではご存じのように「龍」を当てていますね。十二支のなかで他の動物は実在していますが何故か龍だけが伝説上のものです。「龍に九似あり」とされ、角は鹿、頭は駱駝《らくだ》、眼は兎、身体は蛇、腹は蜃《しん》（蜃も想像上の動物で、大きな息を吐くと水上に蜃気楼があらわれるとされています）背中の鱗は鯉、爪は鷹、掌は虎、耳は牛にそれぞれ似せているとされています。

また81枚の鱗のうち一枚だけ、あごの下の鱗は逆さに生えており、ここに触れると

「逆鱗」、つまり激怒を受けることになります。元来、人間に危害を与えたりはしないとされている龍ですが、親しい間柄でもここからは立入禁止という一線があるものです。ビジネスの場でも親しいお付き合いになると、お客様との間、あるいは仲間うちで、軽口をたたき合うことがあるものですが、気をつけないと、うっかり触れてはいけない話題、いわば逆鱗に触れて、お客様を失ったり、仲間意識や友情を損なうことがあります。
ところで寺院の天井など見上げると龍が描かれていることが多いですね。この龍の爪の数を数えると5本だったり、3本だったりして戸惑うことがあります。一説によると、中国の皇帝には「五爪の龍」が描かれていたのですが、他の国々に渡すときには爪数を減らし、日本に伝来したときには「三爪」にしてあったそうです。その流れからでしょうか、狩野探幽による妙心寺の龍、鎌倉の円覚寺の龍は確かに「三爪」です。でも最近描かれたものには「五爪」が多いようで、小泉淳作画伯の手による京都建仁寺の龍も「五爪」です。初詣のときなど、龍巡りをするようであれば、数えてみるのも一興でしょう。

（2011年）

「巳」年、蛇の脱皮に刷新を学ぶ

日本の正月は玄関先に飾られる注連縄《しめなわ》がひとつの風物詩を形成しています。この注連縄は2本の縄を「左綯《な》い」に渦巻かせてつくります。縄をより合せるときに、左手を手前に引くようにしてよると、反時計回りに、渦を巻いて上昇するように縄が出来上がります。日本では、左回りが神を招く回転方向とされているからです。

初詣は氏神様や、その年の干支にちなんだ神社仏閣にいく方が少なくありません。巳年の「蛇」は昔から神の化身として崇められることが多いですね。

日本の古語では蛇を「カカ」あるいは蛇身を「カガミ」と称していたそうです。また蛇の目には瞼がなく開き放しで、この目と合うと射すくめられるようで、昔は「光るもの」として受けとめられ、反射する鏡（カガミ）と同類視されていたとのこと。民族学者の吉野裕子先生は『蛇』（講談社学術文庫刊）のなかで「神の化身と崇められている蛇が、とぐろを巻くように餅を二つ重ね、その姿に見立てたものが鏡餅である」と、そのルーツを解説されています。

蛻変《ぜいへん》～蛇は40日に一度くらいの割合で脱皮します。
蛇が脱皮しては成長することを蛻変といいますが、抜け殻は透明で目までついています。つまり蛇は目まで脱皮するのです。脱皮をくりかえしながら生き抜いて行く姿勢は、不老不死のイメージにもつながり神聖なものとされる由縁です。今、経営環境は激変しているだけに、仕事に取り組むスタンスも、蛻変、刷新のテーマが求められるところです。

蛇は英語でSNAKEですが、この頭文字で、考えるべきこと、なすべきことをまとめるなら、Sはセーフティ、安全について意識を高め、決められた基準の遵守。Nはニーズ、得意先が求めるものに応じられるよう価値命題の刷新です。Aはアゲイン、「再」ですね。何ごとも一度であきらめず、できるまで再挑戦しましょう。Kはナレッジ、知識の共有化。この手紙でも再三にわたり強調している熟練のコツや技術の伝承など、知の活性化を図りたい。Eはエネルギー問題について、それこそ蛻変の対策が迫ります。
こんなことを一例に、担当職務に相応しいテーマ表現を考えてみてください。

（2012年）

「午（馬）」に因む縁起

「午」の字は、餅などを搗《つ》き練り上げる「杵《きね》」の象形文字がルーツです。来年の計画を練りに練って成果をあげたいもの。

また馬に関連した文字にも考えさせられることが多いのです。新幹線の時代になっても駅名は馬へんをそのままに「駅」。海外勤務している方々は、今でも駐在員と呼称されていますね。豊かな経験も大切。優れて立派な人は駿才です。

京都の貴船神社境内に白馬と黒馬の像が設置されているので、午年には、大勢の参拝客でにぎわいます。貴船神社は、万物のエネルギーでもある「気」が生ずる、根源の地「気生根」と称せられるとともに、水源の神様とされています。神社の文献には、炎暑のときには黒馬を献じて雨乞いを、豪雨のときには白馬を献じて雨止みを祈願したと記されています。時代の推移とともに、生馬から板に描かれた板立馬を奉納するようになり、これが絵馬の原型といわれています。この地には濁りのない清流が流れており、神社では貴船を「きぶね」と読まずに「きふね」と濁点をつけずに読んでほしいとおっしゃっています。

さて格言や名言にも、馬の登場するさまざまなメッセージがあります。私は、天を翔けるペガサス、神馬の勢い「天馬空を行く」の言葉が好きです。

「瓢箪から駒が出る」という言葉を現代風な言葉でいえば「セレンディピティ」ではどうでしょうか。研究社の新英和辞典では「当てにしないものを偶然に、うまく発見する才能」と訳しています。別の、デイリーコンサイス外来語辞典は「目的を追う途中で、目的とは別に思いがけないものを発見すること。またそういう能力」となっています。すべてではありませんが、物理や化学の世界での、ノーベル賞レベルの新発見は、セレンディピティによるものが少なくありません。根気よく連続して検討を重ねるなかで、繊細な感受性のアンテナに閃《ひらめ》く発想、仕事のアイデアなどをモノにすることといえるでしょう。

私たちも瓢箪から駒を出すなど、よい縁起を活かしたいものです。皆さん、この1年ご苦労様でした。では健康に留意して佳い年を迎えてください。

（2013年）

「未」は未来に向けての道しるべ

「未」ですがこの文字は「木」の上に、これから大きく成長していく小枝1本をのせてできています。未来に向けての道しるべ、未知なるものを探求、新しい分野を開拓しようと示唆しているようです。少し大げさに聞こえるかもしれませんが、人跡未到、あるいは未踏の地を行く心意気をもてというふうにも感じられます。

日常の仕事において、想定外のことが起きても、慌てないで済むように「イフ」プランを用意するとか、未然に防ぐように考えておくことでもありましょう。

ところで年初には、宮中において吉例の歌会始めが行われますが、来年の勅題は「本」となっています。「本」は根を表す象形文字。横への直線を大地に見立てれば、しっかり根を下ろした形が見えますね。いうなれば「本」は物事の根本です。本質、本格、本業、本物、本領、本懐、本望、本籍などの字も、次々と浮かんでくるでしょう。

お互いに本気をだして、自分の役割、本分をこなしていってください。

さて干支を動物でいえば、「羊」ですが、この字は「美」に関係します。白くふさふさした羊毛は、昔から珍重され、大きな羊、羊プラス大で「美」が構成されています。業績や将来性から羨《うらや》ましがられる存在という場合の「羨」も羊がルーツ。新鮮な食材は、美味しいものですが、この字にも羊が入っています。それに、この「美味」には「羊」も「未」も、両方が参加しているのは奇遇でしょうか。

来年は干支にもあやかり、美しい職場のためにも5S（P158参照）を徹底しましょう。

ところで人間の一生を十二星座になぞらえると、牡羊座は生まれたばかりの状態。まったく、新しい自分がいて外は大きく広がっているというのです。それに、この牡羊座には金色で空を飛べるという神話があります。私たちも、生まれ変わったように生き生きと目標達成・金メダルを獲得する年にしましょう。

では風邪などひかないように、佳い正月を迎えてください。

（2014年）

「申」はのびやかであること

今年も余すところわずかの日々になりました。自分に与えられた役割に積み残しのないように、最後の最後まで徹底した詰めをしてください。

徹底といえば、来年の干支は「申」ですが、申の字には徹底という意味が含まれています。辞書を開けると、①さる・十二支の9番目、とある以外に、②延べる、伸ばす・曲がりをためてまっすぐにする、③申す、述べる・意見や気持ちをはっきり申し述べる、④徹底させる等と説明されています。この意味を汲んで何事にも「徹底」を自戒の言葉にしたいものです。

それに「申す」あるいは「曲がりをまっすぐにする」といった意味もあるのですから、いうべきことは、はっきりいいきる姿勢も求められるところでしょう。

「申」に動物の「猿」を当て、三猿《さんえん》の教え「見ざる、聞かざる、いわざる」が話題になります。しかし本来の〝申〟は、述べる、もの申すにあるのです。だから、この干支にあやかり、見て見ぬふりをしないで、あえていうべきことをいいきる、曲がったことは力を込めてまっすぐ伸ばす、こういった心意気で取り組みたいものです。摩擦を生じることがあるかもしれませんが、摩擦は進歩の母であることを再認識したいと思います。ところで、この他にも「申」のつく字にはよい意味が多いのに驚きます。

紳という字は、体をまっすぐに伸ばす帯からはじまった言葉ですが、身も心も、すきっと伸ばした紳士そのものでしょう。紳商という単語もあって、倫理観の強い、それでいてしっかり業績をあげている商人という意味です。今の時代のビジネスに求められている、必須の命題といえましょう。

私は「申」の右側に太陽の「昜」を添えた「暢《よう》」の字が好きです。

暢には申や伸の「のびる」より、もっと大きく長く伸びるという意味があり、「のびやか」という説明のほうがふさわしい字です。辞書には太陽が、明るくあがるさまとあります。当社の業績も、そうあってほしいものです。

では、年末年始の休暇の間に、来年トライすべきテーマを整理しておいてください。

（2003年）

「酉」にものごとを成就させる

「酉」ですが、酉は壺を描いた象形文字がルーツで「実る」とか、ものごとが「成就する」という意味があり縁起のよい文字です。この干支にちなんで、取り組んできたプロジェクトを完成させ、実りあるものにしたいものです。各人が取り組んでいるテーマを成就させ、目標達成せねばなりません。

さて、酉の頭に冠を乗せると酋長の「酋」ですが、これはものごとを「しめくくる」とか「しあげる」という意味。配も酉から出た字ですが、行き渡らせる、釣り合いをとる、気を配るといったように使ってほしい文字です。二文字にするなら、しっかりした采配、配慮などがあげられるでしょう。

難しい問題を解決したときの喜び「醍醐味」は格別です。仏教用語で「醍醐」といえば如来さまの最上の教え、あるいはものごとの本当の楽しさ、おもしろさを表現するものです。

ところで、この干支を動物の「鳥」にこと寄せることも多いですね。鶏をイメージするのが一般的ですが、むしろ自分の好きな鳥を選んでスピーチをまとめるのも一法です。鳩《はと》、鶴《つる》、鳶《とび》、鷹《たか》、鷲《わし》、鴗《かわせみ》など、どの鳥を使ってもスマートにまとめられます。

たとえば鳩は第一に飛翔力、生命力が強く、北海道から京都あたりまで約1000kmの距離でも迷わずに飛びます。当然のことですが、粘り強い持久力ももち合わせています。第二に眼力であり判断力です。そりゃそうですね。1000kmもの距離の先を読んで跳ぶには、優れた洞察力が要求されます。

また鴗は狙った獲物ははずさないので、縁起物として焼き物などの絵柄に使われます。自分に与えられている役割にふさわしい鳥を選んで、飛翔してほしいと思います。

では佳い年を迎えてください。

（2004年）

「戌」の語源は収穫する

「成」ですが、象形は一プラス戈《ほこ》で構成されており、戈でものを刈り取り、収穫しひとまとめにすることを表しています。従って収穫するという語意になるわけですが、ひいては実り、あるいは「実りあるものにする」と受けとめたいものです。

干支の動物でいえば犬ですが、犬の特質はニーズに対する嗅覚が強い。昔話でいえば、花咲か爺さんの「ここ掘れワンワン」を思い出します。お客様ニーズはもちろん、シーズ（種）まで嗅ぎわけ、売上を伸ばし利益貢献する年にしたいですね。麻薬捜査や盲導にも活躍するなど、その目利き、鼻利きにあやかりたいところです。

左側に犬を三つ重ね、これを風という字と並べると飆《ひょう》ですが、字形からもわかるように、大きいリーダー犬が部下を伴い、風に乗って走ることを意味します。飆車というと、風に乗る車、早い車、ビジネス流にいうならば、全天候型体質で、どんな環境のなかでも颯爽と走り抜けるということでしょう。この字の犬の位置を右にしますと「飇《つむじかぜ》」となり、大変なことになります。今年も油断できない景況が予測されるわけです。お互いに左右の舵取りを間違えないように自戒したいものです。

さて、犬は英語でいえばドック（Dog）です。このアルファベットの頭文字はDですが、これはディベロプメント（開発＝Development）。他社の追随を許さない開発ととらえたいもの。次のOは、オーガニゼーション（組織＝Organization）、組織、イキイキした組織づくりが必須のテーマです。3番目のGはゴール（Goal）あるいはGOサインと受けとめたいものです。犬のように鼻を利かせ、納入先の心をしっかりつかみ、ターゲットを絞り込まねばなりません。的を絞ったら一直線にGOでゴールのG、テープを一着で切りたいです。

ところで「犬」という字に「竹」をかぶせると「笑」という字に近づきます。これは、子供が犬に籠をかぶせ、いたずらをしているのを見ていた良寛和尚が、たしなめながら大笑いして「笑う」という字にもじったことからきたという話があります。真偽のほどは別にして愉快じゃありませんか。

では、笑顔で締めくくり、佳い年を迎えてください。

（2005年）

「亥」には内に秘めたる生命力がある

「亥」ですが、木へんをつけた「核」が、果実の芯に含まれるものであるように、換言すれば「内に秘めた生命力」という、力強い意味に受けとめてよいでしょう。アイデンティティを確立させ総力を発揮すべき年でありましょう。

動物では猪を当てますが、次にイメージと特長を列記してみます。

第一はバイタリティ。迫力をもった行動力で突破口を切り拓くのが得意技。第二は敏感さに敏捷さが挙げられます。環境変化に対する適応力が強いのです。第三は野生に生きるコンピュータといわれるほど読みが早く、頑丈さも保証つきです。

加えて、人間にたとえるなら一本気で商道一筋、誠意一貫というところ。それに臭覚の強さが抜群といわれます。冬、2メートル積もった雪の下から、1個の木の実を探す能力がある、いわばニーズや問題点の把握が確かなのです。我々もあやかり早期に問題解決を図りたいものです。

猪は英語で、ワイルド・ボア（wild boar）。頭文字でまとめてみても、やるべき心意気に通じます。Wですがこれはウィン（win）を示唆するとして、勝ち組宣言でスタートです。Iはやはりインフォメーション（information）の情報でまとめましょうか、お得意先のニーズはもちろんのこと、シーズ（種）の段階で把握したいもの。Lは、リーダーシップ（leadership）でしょう。単に社内のテーマとしてだけでなく、業界におけるリーダーシップをとりたいものです。Dは、ディベロプメント（development）でなければならないでしょう。その開発も狙いとする領域を明確に、ターゲットの絞り込みが必要です。

では、猪本来のイニシャルであるBですが、バット（bat）と解釈して、打棒が冴える快打快音。ここ一番というときにいいバッティングをしたいもの。Oはオーガニゼーション（organization）、組織の活性を命題に各人が力一杯Aのアクション（action）、行動で答えを出してください。Rはレース（race）。競争、それもサバイバルレース、プロのプライドにかけて、各月とも目標達成という白星を重ねようではありませんか。

では佳い年をお迎えください。

（２００６年）

睦月　1月

心は見えないけれど心づかいは見える

小中学生のころは年の初めに書き初めをしたものです。上手、下手は別として、それぞれの文字から、希望に燃えた意気込みが伝わってきたことを懐かしく思います。さて、ある方から教わったおもしろい字をいくつか紹介しましょう。新しい年の心意気として書き初めをされてはいかがでしょう。

「懃」。これは「きん」と読みます。勤務の勤の下に心を添えた字で、文字通り、心をこめての勤めを意味します。ただいわれた通りにやっていればよいというのでは、この字は使えません。念には念を入れた注意力を働かせ、関連した工程への心づかいも充分にする。その勤務態度にこそ、勤の字よりも「懃」の字が与えられるというものでしょう。

「恊」。これは「きょう」と読みます。これも文字通り、みんなの思い、意思をひとつにして力を合わせることを一字にまとめたものです。心や思いについては、なるほどと思う字が多いのに驚きます。「心」は誰にも見えないけれど「心づかい」は見える。「思い」は見えないけれど「思いやり」は誰にでも見えるといわれるように、心や思いを形に表しましょう。

「闊」これは「かつ」と読み、門を広く開け思いっきり活動することを表す文字です。門を大きく開き、吸収すべき知識や情報をこなし、改善、改革に取り組み活性化していきましょう。

「諗」これは「しん」と読みます。情報や、伝達は念入りに伝えること。いった、いわない、いや聞いていないなどの水掛け論はやめましょう。聞いたら復唱する。伝える側は「もう一度申し上げましょうか」くらいに確認し合うこと。

いろいろな字があるものでしょう。全てパソコンに入っています。最初に触れたように、お互いの心のなかに、書き初めするというか、刻み込んで、各人の役割に取り組んでください。

（2011年）

理想は、ぶっちぎりの優勝

新春のテレビ番組で、女子マラソンの小出義雄監督が金メダリスト高橋尚子さんのことを次のように語っていました。

●

ものごとは難しく考えたらキリがない。単純に考えればいい。

マラソンは見ている人には、抜きつ抜かれつのデッドヒートを繰り広げたほうがおもしろいだろう。だが、選手や監督にとっては大変なことだ。

常にトップランナーを射程距離にとらえながら、チャンスをうかがって一気に抜き去ることはできないことではない。どうしても勝ちたいという強い願望があり、しかもすぐ目の前には最大のライバルがいる。そんな状況なら、選手はいくらでも元気を出せる。「ライバルがいるからこそがんばれる」というのはマラソンだけに限らない。洋の東西を問わず、あらゆる人間に共通する心理だろう。ところが、一度は相手を抜いたものの、再び抜き返されてしまうこともある。このときの精神的なショックは大変なもの。いったんは勝利を掌中にしたと確信しただけに、それをひっくり返されると、相手が余計に強く思えてしまう。「えっ、そんな馬鹿な」。

そうなると、どんな一流の選手でも、再び抜き返すのは至難の業。それならスタートからダッシュしてそのままゴールに駆け込むのが確実なレース運びということだろう。これなら何の駆け引きもいらない。ひたすらゴールを目指して全力疾走すればいいのだ。高橋の場合は、一度前にガーンと出たら、もう下がることができないタイプ。最後まで突っ走るしかない。「行け、行け」でぶっちきりの優勝がまさしく彼女の勝ちパターン。オリンピックのように強豪が揃っているレースでは、いったん抜かれたら抜き返すのは不可能に近い。となると、高橋の得意の勝ちパターンが、オリンピックでの「勝利の方程式」にいちばん近いということになる。

●

これは、ビジネスの世界でも同じですね。年の初めにガーンと目標達成、数字の貯金があると、あとは余裕をもって走れます。21世紀のスタートダッシュ、とくに1〜3月をぶっちぎりの勢いでがんばってください。

（2000年）

梅折らぬバカ、桜折るバカ

梅の季節です。寒波にもめげず凛として咲き誇る梅の心意気を見ならいましょう。梅は、ほどほどに折るというか剪定したほうがよいとされています。「梅折らぬバカ、桜折るバカ」と格言がありますが、植物の生態をよく見極めた名言です。

桜は幹をつくり枝を伸ばし美しい花をつけるのに相当の年数がかかっています。ひとたび枝を折ってしまうと、全体の景観を損ねるばかりでなく、次の枝が整うまでに何年もかかってしまいます。

これに対し梅は遠慮なく折って花瓶に活け、その香《かぐわ》しさを楽しんでよいとされます。毎年「ずわえ」という新しい枝が出てきますが、これを折らないと花のつきが悪くなり、普通の枝も折って間引いたほうが、かえって花がつくのです。梅は桜と違って折られることを生態的に好むのです。また、梅は自己の個性を強烈に主張し、自分は自分、お前はお前といったふうですが、桜は集団活動が好きで大勢に混じって自己表現するという性格をそなえています。

人間も同じことで、集団を好まず、一匹狼的に活躍する人もいれば、多数のなかで力を発揮する人もいます。

他にも、叩かれ強いというか尻を叩かれてハッスルする人や、ほめられてこそハッスルする人など、いろいろな個性があるものです。こういった各人のキャラクターを生かしながら、お互いの役割を、責任をもって果たしていきたいですね。

（２００３年）

味わいのあるキーワード

今頃の季節を表すのに「雪の下萌え」という言葉がありますが、お洒落な表現ですね。雪や枯草をのけてみると、土の裂け目、下のほうから萌え出ようとする新芽が、ちょっぴり顔を覗かせています。かすかに春の足音が聞こえてきそうです。私たちも、自分の仕事に新しい芽を萌えたたせる心意気でがんばりたいものです。

今月は有名な経営学者ピーター・ドラッカーの名言を紹介しますので、よく味わって自分を奮い立たせてください。

●

「何によって人に憶えられたいかを、自らに問いかけよ」

自らの成長をうながす問いかけです。「これは彼でなければできないことだ」といわれるほどの腕前か、「そのことなら彼に聞けばいいよ」といわれるような専門知識の深さなのか、「彼のように、いつも温かい笑顔と包容力でありたい」といわれる人格なのか。ともあれ、自らのアイデンティティを確立したいものです。

「仕事を効率よくするには、成果すなわち仕事のアウトプットを中心に考えねばならない。技能や知識などインプットからスタートしてはならない。技能、情報、知識は、道具なのである」

要約すれば、目標達成という出口から逆に考えて、いまなすべきことを決め実行すること。出口をしっかりと見極めると効率の高い手段も見えるというものです。

●

「専門知識や技能をいくらひけらかしても意味はない。あくまで断片でしかない」

これも、耳の痛い発言です。専門知識や技能をもっているだけでは不毛です。仲間の知識や技能と統合され実践されてこそ、価値があるものでしょう。

●

以上、当たり前のようで見落とし忘れがちなことを再認識しましょう。（２００４年）

「思う」と「考える」は大違い

「思う」と「考える」という言葉の違いが、ビジネスの場で発想の大きな分かれ目になることを覚えておきましょう。よく「問題解決のために考えているけれど、なかなかいい答えが思いつかない」とこぼす人がいますが、考えるというより思い悩んでいるだけのことが少なくありません。ただ漠然と思っていたところでなんの解決にもなりません。そうではなく、どうすればよいかの検討材料を並べて、比較検討するなど筋道を立て「考える」ことが大切です。

成功者の語録などを読んで「思いは実現する」と気楽に口にする人がいますが、これは浅い読み方です。思いを実現させるには、どうすればよいかを考えることなくして、思いが実現するはずはありません。実現への手段、手順を、考えに考え抜き行動に移してこそ「思いは実現する」というものでしょう。そして突き詰めて考えていくために、考えていることを言葉に整理し、口にすることも必要となるのです。言葉にしないと「思う」に逆戻りしてしまいます。人間は言葉なしでは考えることができません。

現場で火災事故を起こして、会社の信用に大きな傷がつくことがありました。その作業を委託先が行なっていたものであっても発注者責任が問われるのです。信用を落とすのは火災だけではありません。ケガをした場合、本人の痛みだけでなく、会社も安全対策が問われ信用が痛みます。

「火災を起こさないようにと思っています」とか「手順を手抜きしないようにと思っているのですが」ではダメです。なぜ決められたことが守られなかったか、その理由を言葉におきかえることができる人は、次に活かしていくことができるはずです。

結びにあたり「䇢」という字を紹介しておきましょう。「力」を三つ合わせた横に意思の「思」を添えてできあがっています。文字通り、事故を起こさないという意思統一のもと、全社員の力を合わせてやり抜きましょう。

（２０１０年）

仕事を「志事」に読み替えてトライしよう

仕事という単語を分解すると〝仕える事〟となりますね。

お客様に仕え顧客満足を図るとか、身近に考えるなら上司の指示に従うという意味にとりそうです。確かに上司の命令に従う、お客様との約束を守るということは大切なことですが、いわれるままにやればいい、いつものルーティンとしてこなせばいいというのではありません。その意味や目的をしっかり理解し、より高みを目指していきたいものです。

世の中には〝役立つ情報〟が満ち溢れています。

こうすればいいというハウツー本もたくさん出版されています。ビジネス誌などでは、仕事ができる人はこんなノートをもっている、こんな道具をもっているといった特集が組まれたりもします。けれど大切なのは道具そのものではなく、道具をどういう意図をもってどう使いこなすかのほうです。あるいは、できる人は睡眠時間が短いなどと聞くと、安直に、じゃあ自分も睡眠時間を削ろうなどと考えたりしますが、睡眠時間を削って何をするかが大事であり、そこをはき違えると、寝不足でいい仕事ができないという逆効果になってしまいます。

洞察力、カタカナでいえばインサイト、深いところでの気づきが自分自身のレベルアップにつながります。自分も見落としがちなこと、お客様も気づいていないことなどに、しっかり目くばりできるように努め、よりよい提案、課題解決につなげていく、いわば志をもって仕事をするということになるでしょうか。

志が高い、低い、志があるなどといいますが、志とは仕事に邁進していくための原動力です。自分が行なっていることは、仕事ではなく志事であると誇りをもって進めてください。

（2017年）

明日を生きる言葉

誰しも、ふとメゲそうになるときがあるものです。そんなとき先人たちの語る箴言に励まされたり、目からウロコが落ちるような想いがするときがありましょう。今月は、今、海外でうけている珠玉の言葉を紹介しておきます。

●

＊月に一度は日の出をみよう。

＊春になったら花を植えてみる。

＊読まないとしても、すばらしい本は買ってみよう。
積ん読も読書のうち。いつかは目を通すことになる。

＊口笛を吹こう。

＊絶対に他人に千鳥足のところを見られないように。

＊大きなことを考え、小さな喜びをかみしめなさい。

＊よく耳を澄ましていなさい。好機は時々そっとノックするから。

＊時計は、5分進めておく。
＊ものでなく、知恵と勇気が授かるようにお祈りしなさい。
＊タフな心をもちなさい。しかし心優しく。
＊居ても一生、立っても一生。
＊まわりの人間のなかでいちばん積極的で情熱的な人間になりなさい。
＊ほがらかになれないときでも、ほがらかそうにしていなさい。
＊部屋を横切るとき、目についたものはひとつでも、片づけてきれいにしなさい。
＊勝者は、敗者がしたがらないことをする、ということを覚えておきなさい。
＊期待されている以上のことをする。
＊取り組み方を直すことで、成績は改善される。

（1999年）

今日「現状」というものは存在しない

題名にあげた言葉は、ケネディが国民に向かって投げかけた有名なメッセージの一節です。先日、書類整理をしていたときに出てきたメモを見て再認識させられたものです。ここでいわれている現状とは何でしょうか。現実といいかえてもよいでしょう。現状は、現在の状況であり、現実は、現に起きていることです。私たちは現状、現実に縛られて、前進を止めていることがないでしょうか。現状というのは、ほとんどの場合、甘受できるものです。なぜなら、それはまさに今私たち自身が体験しているからです。

たとえどんなに未来が美しく輝いて見えることがあっても、まだ到来していません。未知のものに賭けるより、人は現状を甘んじて受け入れるようにできています。

「いやそんなことはない、だから改革を行なうのだ」といいますが、世の多くの「改革」が、じつは現状を維持するためのものにすぎないことに人々は気がついていないのです。あるいは、気がついていても、それを「よし」としているところがあります。でもじつはケネディがいうように「現状というものは存在しない」のです。

今、この瞬間は次の瞬間に消え去ります。甘受している利益は次の瞬間には幻になるかもしれないのです。今日と同じ明日、今年と同じ来年、3年後と同じ5年後。そんなものは存在しないのです。

もし、現状を追認し、現状に満足し、現状を維持することにのみ心を砕くならば、それはありもしない幻を追い求めているにすぎません。そのことに気づくべきなのです。

そして、未来に打って出なければならないのです。未来に打って出るというのは、未来を創造し、未来を構築する、という意味です。単に現状の延長上に伸びを予想するというのでは未来を創造していることにはならないのです。

未来を創造するためには、「このような職場、あるいは作業方法にするのだ」という意思が必要なのです。

現状は存在しないと再認識しましょう。この1年間、こんな気持ちをもちながら仕事に取り組んでください。


（2006年）

如月　2月

ふたりの間には「I」がある

最近、ちょっとおもしろい話と、いいヒントを聞きましたので紹介しておきます。

●

大型旅客機の座席の横列にはＡＢＣと記号がついていますが、日本の航空会社はＩを飛ばして、Ｈの次をＪにしています。Ｉが数字の１と紛らわしいからです。ところが、かえってこれが、旅客を混乱させることがあるのです。

大安吉日に空港カウンターへやってきた新婚旅行のカップルが搭乗券をもらって見ると、新郎がＨ、新婦はＪの席。離れ離れです。困惑した顔を見合わせていたのですが、やがて新郎が思い切ってカウンターの係員に「あのう、隣のＩ席はないんですか?」。するると係員は少しもあわてずにっこり笑って「はい。おふたりの間にＩ（愛）がございます」。

「愛はふたりの間に」とはちょっとできすぎた気がしますが、本当の話だそう。いずれにせよ、お互いの立場において機転を利かせながら仕事に集中したいものです。

さらにもう一話。

あこや貝は、自分の体内に入った異物の痛みをやわらげるために、それを包む成分を出しているうちに真珠ができるそうです。人間は偶然に真珠を発見し、それに味をしめて、あこや貝の体内に核をいれて真珠をつくらせることを覚えたのです。あこや貝にはかわいそうな気もしますが、ここではそれを問わずにおきましょう。

肝心なのは、私たちも、つらいこと、困っている問題があると、なんとかそれをなくそうと努力することによって知恵がつく、あるいは問題解決能力を身につけることができるものです。問題から逃げないで、それを乗り越えようと努力をしたり解決に向かうことによって、知恵という真珠ができるのです。ただ、痛い、痛いとこぼしてばかりいると、いつまでも心のなかに入った砂ツブはもとのままで、痛みをつくり続けます。確かにその通りですね。知恵という真珠を本気になってつくってください。（２００３年）

日めくりのように、心めくりを

日曜、月曜、火曜などと、ふだんなにげなく「曜」という字を使っていますが、辞書で調べると「光りかがやく」という意味があります。毎日を磨いて光らせたいですね。明るく力強い行動のなかでビジネスに大輪の華を咲かせましょう。そのためには、毎曜日を、次のような心意気で取り組んでいただきたいと思います。

毎日快晴・表情のある顔をつくろう。動作にも表情があると思ってください。無表情では困ります。笑顔がないのは病気です。潤いのある心とノリのある行動で明るい表情をつくりましょう。笑顔は元気の証明です。

毎日点検・基本の徹底を図ろう。プロは基本に忠実。基本がこなせてこそ応用がきくというもの。それでこそ実力です。慣れが狎《な》れにならぬよう再注意しましょう。

毎日工夫・改善を常態化しよう。自分が主役になってムダを省いてください。二度手間や失敗の原因を探し、対応策を生み出す改善を日常化しましょう。

毎日向上・特技を磨こう。目標のために特技を生かして磨きましょう。向上によって成長し、成長の結果が拡大となるものです。「見たら行く、聞いたら走る、いわれたら飛ぶ」という電光石火の動きでありましょう。

毎日満足・豊かさを求めよう。もののありがたみを知る、人様に満足を届ける、日めくりをめくるように、心めくりをしましょう。心づくし、心丈夫、心の錆《さび》を落として、心のきれいな人と呼ばれるよう努めましょう。

（2005年）

カンゲキ、ゲンキ、ユウキの木を育てよう

無名の人々の発言ではありますが、はっとさせられる言葉を紹介しましょう。

「人間って決して足踏みはしないんですよ。前に進むか後ろに戻るかどちらかなんです。勉強でも、仕事でも、ちょっと怠けるとすぐ後ろに戻ってしまう。ですから、少しでも前に進むように努力したいですね」

お年を召した女の先生なのですが、話をしてみるととても若い感じの方です。その秘密は、この言葉にあるのでしょう。ずっと以前に耳にしたのですが、未だに鮮明に記憶に残っています。

●

次は、結婚式のときに聞いた言葉です。

「あなた方の住まいには庭がないかもしれません。でもカンゲキの木、ゲンキの本、ユウキの木なら植えられます。この3つの木を植えてください。それが大きく成長するこ

ろには、あなた方はよいパパ、ママになって幸せな家庭が築かれていることでしょう」

本当にそう思いますね。お互いに勇気と元気と感激、感動をもって人生を歩みたいものです。ほどよい刺激（シゲキ）で素敵（ステキ）な日々を過ごしましょう。

●

そしてさらに最後にもう一言添えておきましょう。

「人生は常にかけ算だと思いなさい。どんな積み重ねた努力でも、たった一度ゼロをかければ、すべてゼロになってしまう」

お互いにゼロをかけるわけにはいきません。何ごとにも命がけの心意気で、一日、一日を行動してください。

（2006年）

幕の内弁当的な発想

ある方から、外国の客人をもてなしたときのエピソードと、そのときの考察をお聞きしました。なかなかよい話なので要約して紹介しておきます。

●

幕の内弁当を手配しておいたのですが、外国人には幕の内の木箱ひとつが、あまりにシンプルに見えはしないかと、梅の花を一枝添えておいたのです。客人は席につきながら、まじまじと蓋の上の花を見ている。漆の塗りは、ほどよい背景となり、絢爛とした華やかさが一輪に凝縮され、まさに梅見の風情を醸し出しています。

私が花をそっと脇におき、幕の内弁当の蓋をとると客人もこれにならいます。「おっ」と彼は感嘆の声をあげました。漆黒の四角い箱に、これほどの彩りの世界が秘されていようとは思いもよらなかったのでしょう。彼は、やおら蓋をこれにかぶせ花をもう一度のせ、そして花をおろし、蓋をとって最初の印象を繰り返し味わうのです。繰り返しながら「美しい」といいます。

具は、海のもの、山のもの、煮もの、焼きもの……色合いも、だしまき（卵）の黄色にはじまり、赤、白、緑と多彩な要素がバランスよく秩序をもっておさめられています。お弁当ですから、蓋でもとどおりの景色にかえして食事を終えることができます。

●

この造型精神はビジネスにも通じるといっておられました。それぞれの料理は、どれかひとつが突出するように多過ぎてもいけない。仮に、揚げものが多ければ天麩羅弁当、穴子が多ければ穴子弁当となり、幕の内弁当ではなくなり美意識が崩れます。個と全体、どれもが活きる相乗効果。終わったあとも美しいという清潔感。求めに応じて間に合わせられる即応性は、我々も学ぶべき臨機応変さ（フレキシビリティ）といえましょう。

少々大げさな比喩に聞こえないでもありませんが、限られたスペースを最大限に生かしながら、その空間が驚くほど豊かで楽しげに変化できるのです。

今まであまり意識しませんでしたが、そういわれてみると幕の内弁当には、確かに知恵と美意識が詰められているように思えます。皆さんも今度口にする機会があれば、あれこれ考えてみてください。

（２０１１年）

ＹＥＳ ＮＯ型質問の落とし穴

皆さんも、アンケート用紙に記入を求められた経験があるでしょう。なかでもイエスか、ノーで答えてくださいという質問形式のものや、マークシート形式の質問が少なくありません。ただ、この質問様式は明快のように思えますが、本質を見逃してしまう傾向かあるので注意したいものです。たとえば、同じことを聞くようでも、次のＡタイプとＢタイプでは返事の深みが違ってきます。

Ａ　自分を強い人間だと思いますか。ＹＥＳかＮＯで答えてください。

Ｂ　自分自身の強いと思う面と弱いと思う面を教えてください。

Ａタイプの質問をかつては○×型質問と呼んでいました。選択肢がふたつのマークシート型問題です。

Ｂタイプでの質問に対し、たとえば「体力があって無理しても病気にならない面がありますが、逆境に立たされると冷静さを失う弱い面もあります」といった回答が予想されます。答えの深みの違いが明白ですね。

Ａタイプの質問は「日経新聞を購読していますか、いませんか」といったように事実だけを知ろうとするならよいのですが、Bタイプのように掘り下げたいときには不適です。ニュースキャスターがインタビューでAタイプの質問をふりかざして迫る姿をときどき見かけます。国会の論戦でも使われることが少なくありません。スタンドプレーの格好づけには便利ですが、本質的な議論にはなりにくいものです。

とくにビジネスの場で、マークシート型の質問でやりとりしていては、表現力がほとんど育たず説明する力不足になりかねません。加えて問題解決能力も向上しません。来月は決算月です。目標が達成できるか、できないかといった2択の問いかけではなく、積み残しをしないためには、今、何をなすべきかを自分自身に問いかけて全力投球をしてください。

（2012年）

固い漢字をやわらかく表現する

私は「幸福」を「あたたかい」という言葉でとらえます。固い漢字もそのイメージをとらえて読み替えすると、身近に感じられるようになります。同様に「寛容」という言葉を、次のように様々な角度から読み替えをしてみました。

「寛容」とは「あたたかさのことである」。それは、あらゆる相違を超えて友情の手を差しのべることといえましょう。

「寛容」とは「理解することである」。それは新しい光を受け入れることです。寛容な人は、いつも自分の考え以外のものの見方を探ろうと心をくだきます。

「寛容」とは「善意を注ぐことである」。それは賛成できないことにも気持ちよい態度をとる。信念とするところが、かけはなれていても、心の絆で人を結ぶものです。

「寛容」とは「フェア・プレイをすることである」。無理やり自分の考えを押しつけない。自分自身の立場は決めていても、人に対しても同じ自由を認める。

「寛容」とは「思いやることである」。すべてを理解することはすべてを許すこと。

「寛容」とは「人を見下げず、人を見上げることである」。

こうして読み替える、あるいは定義してみると「寛容」という言葉の本質が見え、身近に「そうだな」という感じで受けとめられるでしょう。同時に、自己啓発のための入口がわかり、アクションがとれるでしょう。こんなふうにあなたに関わりの深い、ほかの言葉も、概念を砕き、読み替えてみてください。

（２０１４年）

もうひとつの「コロンブスの卵」!?

卵を誰もがうまく立てられないときに、コロンブスが卵の底を割って平らにして立たせた。「なんだそんなことか」とあきれた人々に、最初にそれをやる、見つけることの意味を説いたのが「コロンブスの卵」。目からウロコを表す逸話ですね。

この話があまりに有名なために、卵は簡単には立てられないと思っている人も多いのですが、結論からいえば誰でもいつでも立てられるのです。

卵の殻の表面に目に見えないほどですが、凹凸があります。このなかの3点を立てたいテーブルや台との接点にして、この中心に卵の重心がくるようにすればいいのです。接点が見えるわけではありませんから、卵の細い方を上にして、両手で静かに支えながら位置を探すようにしていると、すっと手離れした感触があり、立ってくれます。立ちさえすれば、あとは、安定してすぐ倒れるようなことはありません。

これは1947年に有名な物理学者・中谷宇吉郎博士が発表し、世界中のニュースとして、大きく報道されたものです。興味のある方は、中谷先生の随筆『立春の卵』を読まれるとよいでしょう。先生は「コロンブス以来、人類は卵を立たせることは出来ないと思い込んできた。この思い込みが間違いの元です」と喝破されています。

思い込みはマイナスにもプラスにも働くので、うまくコントロールしたいものです。グラウンドを整備するローラーを「コンダーラー」と思い込んでいた知人がいます。『巨人の星』の「思い込んだら試練の道を行くが♪」を「重いコンダーラー。試練の道」と、その映像から勝手に、それこそ思い込んでいたのです。

改革や新製品開発の発想を妨げているのも思い込みに起因することが少なくありません。こういった思い込みを防ぐには、「見える」「聞こえる」で済まさず、見えたら考える、聞こえたら考える習慣をつけること。これで「見える」から「見た」ことになるのです。もちろん思い込みのプラス面は、大いに活用したいものです。今回のプロジェクトは必ず成功する。この交渉はきっとうまくまとまる。といった自己暗示ともいえる思い込みは、そうすることで「自信」に昇華して実現することも多いものです。

節分の季節、マイナスの思い込みなる鬼を払い、プラスの思い込みなる福を招きましょう。そして卵も「立春」ならぬ「立卵」させてみてください。

（2015年）

節分の「鬼」の語源は「隠」にある。深読み、深堀りのすすめ

節分に鬼はつきもののように思われていますが、その語源は「隠」にあり、岩波書店の古語辞典には「隠」の古い字音onに、母音iを添えてoniとなったものとあり、文字通り隠れて姿を見せないものです。「隠」が現代のような「鬼」に転じ文献に表れるのは平安時代になってからのことです。ですから京都の下鴨神社などでは古式にのっとり、隠れ鬼を射る追儺弓《ついなゆみ》神事には、鬼を表立って登場させません。的の裏側に「鬼」と書かれているのです。このように語源や由緒を知っておくと見どころがわかります。

ところで各地の神社に御参りすると御神木の松や松並木の立派さに感動することがありますね。「あの木は何?」と尋ねると「松」と答えられるでしょう。「マツはどういう字を書くのですか」といえば、これもすぐ書ける。ところが、「どうして松という文字が生まれたかの理由まで聞くと、答えられる人は少ないでしょう。

「公」の項を調べると、入り口を開いて、公開することとあります。上の「八」が、左右に開いているイメージで受けとめてください。公にするといえば、隠しだてせず見え

るようにすることで「つつぬける」「透けとおる」などの意味もあります。

加えて最高の官位を表わす言葉などといった説明も続きます。昔でいえば公卿とか公爵といった官位です。このふたつを合わせて考えれば、松の高貴さが見えてきます。松は葉が細いので、葉と葉の間が透けているので木へんに公をあてる。また、厳かな神社の参道は、「公」の木である松並木をもってするとなります。

このようにひとつの文字をとってみても様々な意味をもっているものです。知の活性化などというと堅苦しく聞こえますが、学問というものをおもしろいという感じでとらえていったらいいと思うのです。身のまわりの何かに疑問をもって自分で答えを出してみてください。それが、頭を刷新し知恵を生み出すきっかけになると思います。ビジネスの場に〝なぜ〟を二乗にも三乗にもすれば、知を活性化する触媒にもなります。

さて節分を過ぎると決算日も近くなります。決算までの目標を見据え、未達という隠れ鬼を退治するように、細部にまできっちりと業務に向き合ってください。


（2013年）

自分のなかに「複数の自分」を育てて対話する

梅から桃、桃から桜と花の季節が近づこうとしています。決算月も近づいています。高度な反省をして来期に臨みましょう。この際、「ひとりでの反省」と「複数の自分を育てての反省」について触れておきます。

一般的には、ひとりでの反省で済ませていることが多いでしょう。でも「ひとりでの反省」においては「小さなエゴ」が、解釈を誤らせることが少なくありません。我々人間の心奥深くには、必ずものごとを自分の好き嫌いを中心に感じ、自分の利害を中心に考えようとする「エゴ（自我）」があります。

正確には、それは「小さなエゴ（小我）」と呼ぶべきものでしょうが、この「小さなエゴ」は、心の奥底で、いつも「自分は正しい」「自分は間違っていない」と叫んでいます。ときには、うまくいかないことや、遅れなども、他に理由づけしようとしたりします。

この「小さなエゴ」の存在は、人間としての心の修養をしないと、なかなか自分では気がつきません。そして、この「小さなエゴ」が、真の姿を見違え、解釈を誤らせてしまうのです。自分の好むように、そして自分の都合のよいように「解釈」してしまうからです。

こういうことのないように、高度な反省が求められますが、どうしたらよいでしょうか。それは容易なことではありませんが、自分のなかに「複数の自分」を育て、様々な自分と対話することです。

「もうひとりの自分」は、ときには、上司の立場になって語りかけてくるでしょう。あるいは、関連部署の担当者として語りかけてくれるかもしれません。「自分のなかに『複数の自分』を育て、様々な自分と対話する」というのは、その意味に他なりません。

そして、その「複数の自分」のなかでも、自分の心のなかの「小さなエゴの動き」を、静かに見つめている自分が現れてくると、きわめて成熟した高度な反省が生まれ、精神的にも、心の底から、やる気も湧いてくるはずです。

（２０１６年）

組織の瞬発力を高めるために大切なこと

今年もJリーグが開幕しましたね。

山梨にヴァンフォーレ甲府というサッカーチーム（J1）があります。スター選手はゼロ。選手の平均年棒はトップチームの3分の1、下位リーグチーム、たとえばJ2の京都サンガよりも編成予算が低いのですが、ここ数年（5年連続）、それでもしっかりJ1に残留できているのです。どうしてでしょうか？

その理由のひとつが、動きの無駄を徹底的になくして、「アジリティ＝敏捷性・瞬発力」を高めるトレーニングです。

アジリティを高めていくことはパフォーマンスの向上につながります。サッカーでいえばドリブルで相手をかわしていく（あるいは守備でいえば抜かれないようにする）ための身体の構え方、動かし方、大きな相手と1対1でも当たり負けないための肩の入れ方、などをしっかり見直して、理にかなったトレーニングを積み重ねているのです。

日本サッカーの父といわれるデッドマール・クラマー氏が「インサイドキックは押し

出すように蹴る」と指導したといわれ、半世紀たった今でもそう指導するコーチが多いのですが、押し出すのではなくスイングをしないと、ボールは距離もスピードも出ません。日本サッカー黎明期のころなら確実性を求め押し出すようなキックでもよかったのかもしれませんが、世界レベルで戦うのであればパスのスピードは絶対不可欠。修正しなければならないのに、かつて自分がそう教わった、これが正しいという思い込みのほうが優先されていることが多いそうです。それを徹底的に正しているのです。

同じことはビジネスの世界でもいえるでしょう。

ふだん当たり前だと思っていること、これが正しいと信じていることを再点検、よりよい動きが何かを検証していきましょう。個人のアジリティ（瞬発力）を高めていくことが、会社（組織全体）のレベルアップにつながります。

ちなみに三浦知良選手（キングカズ）は45歳のときにこのトレーニングメソッドに出会い、自分のステップを変え、最年長ゴールを決めたのです。50歳の今年も活躍が期待されています。気づき、修正していくことは、いつでもいくつになっても可能であることを示唆してくれていますね。

（２０１７年）

ケイハンのこと

おかげさまでケイハンは今年２０１７年９月９日で創業85年を迎えます。

この記念の節目の年に「社長からの給与レター」が書籍として刊行されることをありがたく、とても喜んでおります。簡単に歴史を振り返ると、昭和７年に初代で、私の父である、西田小太郎が京城（現在のソウル）に西田石炭商店を開いたのがはじまりです。そして私が2代、本書の著者である康郎が3代目となります。ひとことでいえば当社は「かためる」ことを得意とする会社です。かつて旧朝鮮鉄道に粉炭をかためる技術が高く評価され、戦後は国鉄（現在のＪＲ）のＳＬ燃料の90％のシェアを誇るまでになりました。そしてその後、当時の日経新聞に「ＳＬからＳｔｅｅｌ（鉄鋼）への華麗なる転換」と紹介されたように、鉄鋼高炉の成型炭へと大きく事業展開し、現在にいたります。戦後からしばらくは輸送面で、そして高度成長の時代から今にいたるまで、鉄鋼関連で日本の産業を下支えしてきたわけです。さらに「かためる」技術は、今後、環境面で貢献がますます期待されています。

手前みそですが、当社には「先を読みピンチをチャンスにする」「変化を恐れず柔軟に対応する」「あきらめずに続ける」「果敢にチャレンジする」歴史があるといえるでしょう。もちろん、そこにお取引先、お客様の支えがあったからにほかなりません。また当社の社是「謙虚と和」が、根底に流れているからでもあると思います。本書のベースとなる「給与レター」も、先を読むための情報収集や発想の転換という側面と、情報を社員で分かち合う「和」の願いから生まれたものです。

「毎月の給与レター」にはアイデアも含め経営コンサルタントの故・蒲田春樹先生に多大なご尽力をいただきました。今回の出版にあたってはワニ・プラスの佐藤俊彦社長をはじめ、ワードスプリング社に労をとっていただきましたことを感謝し、お礼申し上げます。

これまでケイハンを支えてくださった取引先の方々、社員の皆さんに感謝します。

そして、本書をお買い上げいただいた読者の方に、深謝申し上げます。

ケイハン会長　西田愼一郎

素敵な出会いに心から感謝します

人生のなかで誰しもが素敵な出会いを経験されていると思います。

私にとっては蒲田春樹先生と出会えたことは、ほんとうにかけがえのないものといえるのです。

蒲田先生は半世紀以上、京都を中心に経営コンサルタントとして活躍されてきた方です。名前をあげれば誰もがご存じの一部上場企業をはじめ、和菓子やお茶、呉服、食品メーカー、神社仏閣、あるいは銀行や信用金庫などの経営診断や人材教育に携わり、黒子として京文化を支えてきた方といっても過言ではありません。

当社との関係は、今から30年以上も前、ある銀行のセミナーで蒲田先生のお話をお聞きし、ぜひもっとお話をうかがいたい、アドバイスも得たいと先生の事務所を訪ねたのがきっかけでした。そして親しくさせていただき、ビジネス上の的確なアドバイスを得ながら、立場的に会社内では口にだせないような個人的な問題にまでお付き合いいただきました。先生からお話をうかがうと、いろいろなものが整理され、気持ちが前向きになっていくのです。「それはだめでしょう」とは、けっしておっしゃらない。でも「こういう考えもありますよ」と別の選択肢をいくつも用意していただけたのです。

そして新しいことをはじめることを恐れないという勇気も教えていただきました。そういう関係のなかで、蒲田先生からいただいたヒントではじめたのが、本書のもととなった「毎月の給与レター」です。

「前向きにがんばろう」「ひらめきを大事にしよう」「感謝の気持ちを忘れない」といったことを共有するためにはじめた「給与レター」ですが、同じことを繰り返すだけではいけないと、新しいエピソードを交えて紹介していくものです。

ただ、そうはいっても話の種がなかなか見つからなくて苦しくなることも多いですね。そんなとき蒲田先生に手を差し伸べてもらい、「こういう話がありましたよ」と話題を提供されたり、そのエピソードならこんなふうな切り口にしたらどうでしょうとアドバイスされたりしました。

ですから20年以上も一度も休むことなく、続けることができたのです。

毎月続けておりました給与レターが本になるということを蒲田先生にとても喜んでいただいたのですが、本書の完成を見ずに先生は２０１７年1月に永眠されました。とても残念で寂しいことですが、蒲田先生とともに作成したものが、ひとつの形になったことをとてもありがたく感じます。

ここでは、個人的なことを記しましたが、紹介している内容は「普遍的」なことだと思っています。お読みになった方が、本書から何かしらを感じ、またそれを「伝えていきたい」と思っていただくことができましたなら、これに勝る喜びはありません。

本書をお読みいただきありがとうございました。そして、皆様におかれましても、これからも素敵な出会いがありますよう、心から祈念いたします。

ケイハン社長　西田康郎

社長からの給与レター
20年間、給与明細に同封し続けた社員への思い

著者　西田康郎

2017年9月10日　初版発行

西田康郎（にしだ・やすお）
昭和35年、京都市生まれ。京都市内に本社をおく株式会社ケイハン代表取締役社長。株式会社ケイハンは昭和7年に三井物産特約店として石炭販売を開始した西田石炭商店が前身で、2017年9月に創業85年となる。戦後しばらくは旧国鉄SL用ピッチ練炭を製造納品し圧倒的シェアを誇る。現在は長年培ってきた成型技術のノウハウを活かし、鉄鋼産業のなかに確かな足跡を刻んでいる。たとえば、安価かつ資源的に豊富な低品位石炭を成型した「成型炭」を製鉄所内のコークス炉に生産納入しユーザーコスト削減に貢献。「かためる」技術で日本産業を屋台骨から支えてきた粉体成型エンジニアリングメーカー。
http://www.kk-keihan.com/

発行者　佐藤俊彦
発行所　株式会社ワニ・プラス
〒150-8482
東京都渋谷区恵比寿4-4-9　えびす大黒ビル7F
電話　03-5449-2171（編集）
発売元　株式会社ワニブックス
〒150-8482
東京都渋谷区恵比寿4-4-9　えびす大黒ビル
電話　03-5449-2711（代表）
編集協力　蒲田正樹（ワードスプリング）
装丁　橘田浩志（アティック）
柏原宗績
DTP　平林弘子
印刷・製本所　大日本印刷株式会社

JASRAC出 1709436-701

ISBN 978-4-8470-6121-9
ワニブックスHP　https://www.wani.co.jp